Bernd Marcus

Personalpsychologie

Basiswissen Psychologie

Herausgegeben von
Prof. Dr. Jürgen Kriz

Wissenschaftlicher Beirat:
Prof. Dr. Markus Bühner, Prof. Dr. Thomas Goschke, Prof. Dr. Arnd Lohaus,
Prof. Dr. Jochen Müsseler, Prof. Dr. Astrid Schütz

Die neue Reihe im VS Verlag: Das Basiswissen ist konzipiert für Studierende und Lehrende der Psychologie und angrenzender Disziplinen, die Wesentliches in kompakter, übersichtlicher Form erfassen wollen.

Eine ideale Vorbereitung für Vorlesungen, Seminare und Prüfungen: Die Bücher bieten Studierenden in aller Kürze einen fundierten Überblick über die wichtigsten Ansätze und Fakten. Sie wecken so Lust am Weiterdenken und Weiterlesen.

Neue Freiräume in der Lehre: Das Basiswissen bietet eine flexible Arbeitsgrundlage. Damit wird Raum geschaffen für individuelle Vertiefungen, Diskussion aktueller Forschung und Praxistransfer.

Bernd Marcus

Personal-
psychologie

Bibliografische Information der Deutschen Nationalbibliothek
Die Deutsche Nationalbibliothek verzeichnet diese Publikation in der
Deutschen Nationalbibliografie; detaillierte bibliografische Daten sind im Internet über
<http://dnb.d-nb.de> abrufbar.

1. Auflage 2011

Alle Rechte vorbehalten
© VS Verlag für Sozialwissenschaften | Springer Fachmedien Wiesbaden GmbH 2011

Lektorat: Kea S. Brahms | Eva Brechtel-Wahl

VS Verlag für Sozialwissenschaften ist eine Marke von Springer Fachmedien.
Springer Fachmedien ist Teil der Fachverlagsgruppe Springer Science+Business Media.
www.vs-verlag.de

Das Werk einschließlich aller seiner Teile ist urheberrechtlich geschützt. Jede
Verwertung außerhalb der engen Grenzen des Urheberrechtsgesetzes ist
ohne Zustimmung des Verlags unzulässig und strafbar. Das gilt insbesondere
für Vervielfältigungen, Übersetzungen, Mikroverfilmungen und die Einspeicherung und Verarbeitung in elektronischen Systemen.

Die Wiedergabe von Gebrauchsnamen, Handelsnamen, Warenbezeichnungen usw. in diesem
Werk berechtigt auch ohne besondere Kennzeichnung nicht zu der Annahme, dass solche
Namen im Sinne der Warenzeichen- und Markenschutz-Gesetzgebung als frei zu betrachten
wären und daher von jedermann benutzt werden dürften.

Umschlaggestaltung: KünkelLopka Medienentwicklung, Heidelberg
Satz: Jens Ossadnik; www.rundumtext.de
Druck und buchbinderische Verarbeitung: Ten Brink, Meppel
Gedruckt auf säurefreiem und chlorfrei gebleichtem Papier
Printed in the Netherlands

ISBN 978-3-531-16723-7

Inhaltsverzeichnis

Einleitung 7

1 Anforderungsanalyse 11
   1.1 Zwecke und Gegenstände der Anforderungsanalyse 12
   1.2 Anforderungsanalytische Verfahren 16
       1.2.1 Vorgehensweisen und Varianten der Anforderungsanalyse 16
       1.2.2 Ausgewählte Instrumente der Anforderungsanalyse 18
   1.3 Alternativen zur traditionellen Anforderungsanalyse 24

2 Personalmarketing 29
   2.1 Theoretische Perspektiven zum Eintritt in die Organisation ... 30
       2.1.1 Ein Rahmenkonzept 30
       2.1.2 Prozessmodelle und Passung von Organisation und Person ... 32
   2.2 Möglichkeiten der Ansprache von Bewerbern (Rekrutierung) ... 37
   2.3 Organisationswahl 40

3 Berufseignungsdiagnostik und Personalauswahl 45
   3.1 Validität und Validitätsgeneralisierung in der Eignungsdiagnostik 46
   3.2 Eignungsdiagnostische Instrumente 50
       3.2.1 Konstruktorientierte Verfahren 51
       3.2.2 Simulationsorientierte Verfahren 57
       3.2.3 Biografieorientierte Verfahren 63
       3.2.4 Evaluation der Auswahlinstrumente im Überblick 68
   3.3 Personalentscheidungen 71
       3.3.1 Möglichkeiten der Entscheidungsfindung 71
       3.3.2 Nutzenmodelle in der Eignungsdiagnostik 75
   3.4 Personalauswahl aus Bewerbersicht 78

       3.4.1 Akzeptanz von Auswahlverfahren 78
       3.4.2 Selbstdarstellung von Bewerbern 81

4   Berufsleistung und Personalbeurteilung 85
   4.1 Das Konstrukt beruflicher Leistung 85
       4.1.1 Begriff und Operationalisierung der Berufsleistung 85
       4.1.2 Facetten allgemeiner beruflicher Leistung und deren Ursachen....88
       4.1.3 Spezifische Bereiche des Extrarollenverhaltens 91
   4.2 Personalbeurteilung 96
       4.2.1 Funktionen der Personalbeurteilung 96
       4.2.2 Maßstäbe der Urteilsqualität („Kriterien für Kriterien") 98
       4.2.3 Quellen der Beurteilung 104
       4.2.4 Beurteilungsverfahren 108
       4.2.5 Verbesserungsmöglichkeiten der Leistungsbeurteilung................113

5   Personalentwicklung 115
   5.1 Gegenstand und theoretische Grundlagen der
       Personalentwicklung 115
   5.2 Prozess der Personalentwicklung und Analyse des
       Entwicklungsbedarfs 119
   5.3 Verfahren der Personalentwicklung 122
       5.3.1 Verfahren mit dem Schwerpunkt Wissenserwerb 123
       5.3.2 Verfahren der Verhaltensmodifikation 125
       5.3.3 Verfahren zur persönlichen Laufbahnentwicklung 128
   5.4 Transfer von Maßnahmen der Personalentwicklung 130
   5.5 Evaluation von Trainingsmaßnahmen 133

Literaturverzeichnis 139

Stichwortverzeichnis 153

Einleitung

Jenseits der Klinischen Psychologie gehört die Arbeit im Personalbereich sicher zu den wichtigsten beruflichen Aufgabenfeldern für PsychologInnen. Allerdings ist Personalarbeit ein multidisziplinär besetztes Feld: Zu den traditionellen Aufgaben der betrieblichen Funktion Personalwirtschaft (neudeutsch auch Human Resources bzw. HR Management) gehören u.a. Personalbedarfs- und Einsatzplanung, Personalrekrutierung und -auswahl, die Gestaltung von Arbeitszeit und Vergütung, Personalentwicklung und Training, Personalbeurteilung und Laufbahnplanung, das Controlling der Personalarbeit und nicht zuletzt auch die unangenehme Aufgabe der Personalfreisetzung. Offensichtlich erfordern diese Aufgaben einen recht vielschichtigen fachlichen Hintergrund – neben der Psychologie insbesondere in der Betriebswirtschaftslehre und dem Arbeitsrecht, im Trainingsbereich aber auch z.B. in der Pädagogik. Genuin psychologischer Natur sind dabei besonders die Kernaufgaben Auswahl, Beurteilung und Entwicklung einschließlich der für alle drei Bereiche bedeutsamen Anforderungsanalyse. Mit diesen personalpsychologischen Kerngebieten beschäftigt sich schwerpunktmäßig auch der vorliegende Band, während für andere Aufgaben der Personalwirtschaft auf die nicht-psychologische Fachliteratur (z.B. Drumm, 2008) verwiesen werden muss. Neben den genannten anwendungsbezogenen Kernthemen der Personalpsychologie beschäftigt sich der vorliegende Text auch mit dem theoretischen Konstrukt beruflicher Leistung sowie an einigen Stellen mit methodischen Spezifika (s. allgemein zu Methoden der Arbeits- und Organisations [AO-] Psychologie auch Marcus, 2011).

Die Gegenstände der Personalpsychologie, besonders die Berufseignungsdiagnostik, zählen zu den ältesten Forschungsgebieten der AO-Psychologie. Allerdings wurden sie in Europa lange unter dem Begriff (Industrielle) „Psychotechnik", in Nordamerika bis heute unter dem nicht ganz deckungsgleichen Stichwort „industrial psychology" untersucht (vgl. Marcus, 2011). Auch der Begriff Personalpsychologie ist jedoch im englischen

Sprachraum nicht wirklich neu (z.B. existiert die führende Fachzeitschrift *Personnel Psychology* seit 1948). Als eigenständiges Fachgebiet neben „A" und „O" hat sich die Personalpsychologie hierzulande aber erst in den letzten Jahren wirklich etabliert. Diese Entwicklung trägt nicht nur der Bedeutung personalpsychologischer Themen in Forschung und Praxis Rechnung, sondern auch dem Umstand, dass der Fokus auf individuelle Mitarbeiter, deren interindividuelle Unterschiede und intraindividuelle Entwicklung, eine Anbindung an andere theoretische Grundlagen impliziert als in den Teilgebieten Arbeit und Organisation. Während letztere Gebiete v.a. auf Grundlagen der Allgemeinen und der Sozialpsychologie zurückgreifen, liegt der Schwerpunkt in der Personalpsychologie auf der Differenziellen Psychologie und der Diagnostik, in der Personalentwicklung daneben auch auf der Lernpsychologie. Die Unterscheidung von „P" als drittes Teilgebiet der AO-Psychologie (bei dieser Abkürzung wollen wir der Einfachheit halber aber bleiben) ergibt also sowohl aus pragmatischen als auch aus theoretisch-konzeptionellen Gründen Sinn. Die gemeinsame Orientierung an interindividuellen Unterschieden verbindet die Personalpsychologie mit der Untersuchung beruflicher Interessen und Entwicklungen in der Berufspsychologie. Letztere ist jedoch auch stark entwicklungspsychologisch fundiert und hat über weite Strecken eine eigene Entwicklung jenseits der AO-Psychologie genommen, weshalb ich auf eine Darstellung in diesem Band verzichtet habe (s. zur Berufspsychologie z.B. Bergmann, 2004; Brown & Lent, 2005).

Dem Prinzip der Chronologie folgend wird im vorliegenden Band zuerst die anforderungsanalytische Fundierung der weiteren personalpsychologischen Maßnahmen dargestellt. Was Betriebswirte manchmal unter dem Begriff „Personalbeschaffung" zusammenfassen, zerfällt aus psychologischer Sicht in zwei unterscheidbare Phasen. Die Ansprache von Bewerbern, das heißt das Personalmarketing bzw. aus Bewerbersicht die Organisationswahl, werden in Kapitel 2 behandelt. Kapitel 3 beschäftigt sich mit der eigentlichen Auswahl auf der Grundlage der psychologischen Eignungsdiagnostik. Der wichtigste Zweck der Personalauswahl ist die Prognose beruflichen Leistungsverhaltens, dessen theoretische Analyse und praktische Messung bzw. Beurteilung Gegenstand des vierten Kapitels ist. Abschließend geht es in dem Kapitel zur Personalentwicklung darum, wie Mitarbeiter weitergebildet und trainiert werden können, nachdem sie einmal im Unternehmen sind. All diese Themen können im Rahmen dieses kurzen Lehrtextes nur auf einführendem Niveau behandelt werden. Auch wenn einige spezielle Themen durch Exkurse weiter vertieft werden, ist für ein tiefer gehendes wissenschaftliches Verständnis die Lektüre weiterführender Literatur an vielen Stellen unerlässlich.

Besonders herzlich möchte ich schließlich an dieser Stelle Frau Kea Sarah Brahms vom VS Verlag für ihre zahlreichen klugen und hilfreichen Hinweise zur Überarbeitung des Manuskripts und Frau Roswitha Materlik für ihre Hilfe bei dessen Erstellung danken.

Hagen, im November 2010　　　　　　　　　　　　　　　　　Bernd Marcus

1 Anforderungsanalyse

Weil die Fragestellungen der Personalpsychologie, im Unterschied zu den anderen Teildisziplinen der AO-Psychologie, i.d.R. differenzialpsychologischer Natur sind, erfordern sie die Kenntnis relevanter interindividueller Unterschiede. „Relevant" bedeutet in diesem Fall, dass diese interindividuellen Differenzen berufliches Verhalten und Erleben entweder sinnvoll beschreiben oder damit in Zusammenhang stehen, also direkt oder indirekt mit dem individuellen Arbeitshandeln zu tun haben. Ferner bedeutet „relevant", dass diese Merkmale in einem durchaus weit gefassten Sinn erfolgskritisch sind, d.h. damit zusammenhängen, in welchem Ausmaß organisationale und individuelle Ziele des Arbeitshandelns (insbes. Arbeitsleistung und -zufriedenheit) erreicht werden. In diesem Sinne relevante Merkmale werden als Anforderungen bezeichnet, Prozess und Methoden der Informationsgewinnung über diese Merkmale als Anforderungsanalyse. Es handelt sich bei Anforderungen stets um Merkmale der Person. Dies unterscheidet das personalpsychologische Instrument Anforderungsanalyse von der arbeitspsychologischen Arbeitsanalyse, bei der die Arbeitssituation (insbes. Arbeitsaufgabe und -bedingungen) im Mittelpunkt der Analyse steht. Die meisten gängigen arbeitsanalytischen Verfahren sind in diesem Sinne bedingungsbezogen und erfordern zur Ableitung individueller Eignungsmerkmale mindestens einen zusätzlichen Schritt (vgl. z.B. Dunckel & Resch, 2010). Die Ableitung der Anforderungen erfordert allerdings die Kenntnis der Aufgaben und Bedingungen. Auch wenn sich besonders die handlungstheoretisch orientierte deutschsprachige Arbeitspsychologie mit interindividuellen Differenzen traditionell allenfalls in zweiter Linie beschäftigt, sollten Arbeits- und Anforderungsanalyse im Idealfall aufeinander abgestimmt sein und sich ergänzen. In der Praxis werden Anforderungen jedoch häufig unter Umgehung aufwändiger Arbeitsanalysen abgeleitet.

In diesem Kapitel wird zunächst kurz auf Anwendungsfelder der Anforderungsanalyse sowie auf die wichtigsten Klassen von Anforderungen eingegangen. Differenzialpsychologische Grundlagen können dabei nur gestreift werden und werden in Grundzügen als bekannt vorausgesetzt (z.B. Asendorpf, 2007). Anschließend werden einige anforderungsanalytische Verfahren vorgestellt. Zum Schluss geht es um Alternativen zur traditionellen Anforderungsanalyse, bei denen versucht wird, den aufwändigen Schritt der Datenerhebung für jeden Arbeitsplatz zu vermeiden.

1.1 Zwecke und Gegenstände der Anforderungsanalyse

Es gibt kaum ein psychologisches Instrument der Personalarbeit, das ohne eine implizite oder explizite Vorstellung von beruflichen Anforderungen auskommt. Anforderungen müssen u.a. bekannt sein, um sie in Stellenbeschreibungen dokumentieren zu können, um den Personalbedarf eines Unternehmens hinsichtlich Umfang und Qualifikation zu prognostizieren (Personalplanung), um sie möglichen Bewerberinnen in externen oder internen Stellenausschreibungen zu kommunizieren (Personalmarketing), um diese nach ihrer Eignung zu selektieren (Personalauswahl, Potenzialanalyse), um Mitarbeiter auf bestimmte Aufgaben vorzubereiten, sie zu schulen und zu beraten (Personalentwicklung, Laufbahnplanung), um festzulegen, woran das individuelle Verhalten gemessen werden soll (Personalbeurteilung), und um Arbeit angemessen und fair zu entlohnen (Vergütung). Alle erwähnten Maßnahmen kommen ggf. auch ohne Fundierung durch systematische Anforderungsanalysen aus. Zum Beispiel kann man ein Einstellungsinterview führen, ohne vorher festzulegen und zu begründen, nach welchen Merkmalen eine Auswahl getroffen werden soll (und in vielen Fällen dürfte genau dies auch geschehen). Dadurch entfällt jedoch nicht die Notwendigkeit der Entscheidungsfindung. Es entfällt lediglich die systematische und nachprüfbare Fundierung der Entscheidungsgrundlagen, an deren Stelle oft implizite und kaum rekonstruierbare Kriterien treten. Welche Folgen dies für die Qualität der Entscheidungen und der eingesetzten Verfahren hat, wird uns in den nachfolgenden Kapiteln noch häufiger beschäftigen. Für die Eignungsdiagnostik bspw. ist die anforderungsanalytische Fundierung ein wichtiges Qualitätserfordernis nach der DIN 33430 (Deutsches Institut für Normung, 2002); sie verbessert nachweislich die psychometrischen Gütekriterien und darüber hinaus die Nachvollziehbarkeit und Dokumentation von Personalentscheidungen sowie deren ethische und rechtliche Vertretbarkeit (vgl. Kap. 3).

Anforderungsbegriff. Im engeren Sinne handelt es sich bei Anforderungen um Leistungsvoraussetzungen einer Person, die zur erfolgreichen Bewältigung der mit einer bestimmten Stelle verbundenen Aufgaben benötigt werden. Diese relativ enge Sichtweise lässt sich in mehrfacher Hinsicht erweitern (vgl. Schuler, 2006). Erstens können die interessierenden Personenmerkmale stellenübergreifend relevant sein. Zweitens können Stellen aus Sicht der Arbeitenden hinsichtlich ihres Potentials zur Bedürfnisbefriedigung und Persönlichkeitsentwicklung untersucht werden, was bspw. in der arbeitspsychologischen Arbeitsbewertung im Vordergrund steht. Drittens kann die prognostisch orientierte Betrachtung aktueller Leistungsvoraussetzungen erweitert werden durch die Analyse des tatsächlichen Verhaltens (d.h. der Leistung selbst). Dies kann zur Ermittlung der Leistungsvoraussetzungen eine notwendige Vorstufe sein, diese aber auch ersetzen, etwa wenn das Verhalten selbst gemessen (Leistungsbeurteilung) oder für Personalauswahl oder Trainings simuliert werden soll (vgl. Kap. 3 bis 5). Im Folgenden beschränkt sich die Darstellung in diesem Unterabschnitt auf psychologische Konstrukte im Sinne von Merkmalen, die zum Erfolg oder Misserfolg des Leistungshandelns beitragen. Die international gebräuchliche Klassifikation von Anforderungen unterscheidet dabei zwischen *Kenntnissen* (knowledge), *Fertigkeiten* (skills), *Fähigkeiten* (abilities) und „anderen Merkmalen" (*other characteristics*: insbes. Persönlichkeitseigenschaften, Werte und Einstellungen), die zu dem wichtigen Kürzel *KSAO* zusammengefasst werden.

K: Kenntnisse. Bei der Ermittlung notwendiger Kenntnisse geht es einerseits um das Faktenwissen (*deklaratives Wissen* oder „Gewusst was?"), anderseits um das Handlungswissen bzw. die Kenntnis von Arbeitsabläufen und Verfahrensweisen (*prozedurales Wissen* oder „Gewusst wie?"). Beispiele deklarativen Wissens sind etwa Kenntnisse über wissenschaftliche Grundlagen eines Berufs, Material- und Warenkunde, Rechtsvorschriften u.v.a.m. Zum prozeduralen Wissen gehört bspw. die Kenntnis darüber, wie eine

Stornobuchung oder eine Blutdruckmessung durchzuführen ist. Der Erwerb deklarativen und prozeduralen Wissens ist i.d.R. Gegenstand der beruflichen Aus- und Weiterbildung und auch der zum Erwerb formaler Qualifikationen notwendigen theoretischen Prüfungen. Jenseits dieser expliziten, mess- und vermittelbaren Kenntnisse haben Wagner und Sternberg (1985) auf die Bedeutung durch praktische Erfahrung erworbenen, aber eher intuitiven und impliziten „stillen" Wissens (*tacit knowledge*, auch als „praktische Intelligenz" bezeichnet) zur erfolgreichen Bewältigung von Aufgaben hingewiesen. Der Nutzen dieses Konstrukts in der Personalpsychologie jenseits von explizitem Wissen und vor allem „akademischer" Intelligenz ist jedoch noch umstritten (im Überblick kurz bei Catano, Wiesner, Hackett & Methot, 2005).

S: Fertigkeiten. Unter Fertigkeiten kann der Grad der praktischen Beherrschung (im Unterschied zum theoretischen prozeduralen Wissen) einer bestimmten Arbeitshandlung verstanden werden (z.B. Maschineschreiben, Vernähen einer Wunde usw.), wobei für stellenübergreifende Analysen auch ein höherer Abstraktionsgrad angemessen sein kann (z.B. technische Fertigkeiten beim Montieren, Einrichten etc.; soziale Fertigkeiten beim Überzeugen, Verhandeln usw.; vgl. z.B. Peterson et al., 2001). Dies setzt neben prozeduralem Wissen auch die Einübung durch praktische Erfahrung voraus. Ebenso wie das Wissen sind Fertigkeiten Konstrukte im Sinne von Abstraktionen direkter Beobachtungen, jedoch keine im differenzpsychologischen Sinn stabilen Dispositionen, sondern erlernte und veränderliche Merkmale, deren Erwerb allerdings u.a. von Dispositionen beeinflusst wird.

A: Fähigkeiten. Eine Klasse solcher Dispositionen sind individuelle Fähigkeiten. Darunter werden relativ überdauernde, grundlegende Potenziale zur Ausführung ganzer Klassen unterschiedlicher, jedoch verwandter Tätigkeiten verstanden (z.B. Peterson et al., 2001). Das wohl umfassendste Klassifikationssystem berufsrelevanter Fähigkeiten geht auf die Arbeit von Fleishman und Kollegen zurück (z.B. Fleishman, 1992). Darin werden insgesamt vier übergeordnete Fähigkeitskategorien, 15 Kategorien mittlerer Spezifität sowie 52 spezifische Fähigkeiten genannt. Einige Beispiele sind in Tabelle 1.1 aufgeführt. Die Taxonomie beruht auf einem jahrzehntelangen, umfangreichen Forschungsprogramm und zählt auch zu den Grundlagen des O*Net (s. Abschn. 1.3).

1.1 Zwecke und Gegenstände der Anforderungsanalyse

Tabelle 1.1: Ausschnitte aus der Fähigkeitstaxonomie von Fleishman und Kollegen

Kognitive Fähigkeiten	Physische Fähigkeiten
(7 Unterkategorien, 21 spezifische Fähigkeiten): *verbal* (z.B. orales Verständnis); *Ideengenerierung und Schlussfolgern* (z.B. Originalität, Deduktion); *quantitativ* (z.B. mathematisches Schließen); *Gedächtnis*; *Wahrnehmung* (z.B. Wahrnehmungsgeschwindigkeit); *räumliches Denken* (z.B. Orientierung); *Aufmerksamkeit* (z.B. geteilte Aufmerksamkeit)	(3 Unterkategorien, 9 spezifische Fähigkeiten) *Physische Stärke* (z.B. statische Stärke, Explosivität); *Ausdauer*; *Dehnbarkeit, Balance und Koordination* (z.B. Gleichgewichtssinn)
Psychomotorische Fähigkeiten	Sensorische Fähigkeiten
(3 Unterkategorien, 10 spezifische Fähigkeiten) *Feinmotorik* (z.B. Geschicklichkeit), *Bewegungskontrolle* (z.B. Koordination der Gliedmaßen), *Schnelligkeit* (z.B. Reaktionszeit)	(2 Unterkategorien, 12 spezifische Fähigkeiten) *visuell* (z.B. Fernsicht, peripheres Sehen); *auditiv-sprachlich* (z.B. Hörvermögen, Spracherkennung)

O: „Other characteristics". In der etwas hilflos benannten Mischkategorie „andere Merkmale" geht es um Dispositionen, die ebenfalls stabiler und grundlegender Natur sind, sich aber nicht den Fähigkeiten zuordnen lassen. In erster Linie handelt es sich dabei um Persönlichkeitsmerkmale im Sinne von *Eigenschaften, Interessen, Motiven* sowie grundsätzlicher *Einstellungen* und *Werthaltungen*. Diese Begriffe sind nicht immer trennscharf voneinander abzugrenzen (s. z.B. Dawis, 1991). So versteht z.B. Holland (1997) seine Berufsinteressen als Persönlichkeitseigenschaften (s. Bergmann, 2004). Dawis (1991) unterscheidet als grundsätzliche Werthaltungen die Faktoren Leistung, Bequemlichkeit, Status, Altruismus, Sicherheit und Unabhängigkeit, was sich teils mit den drei Werttypen nach Rosenstiel und Stengel (1987) überschneidet (karriereorientiert, freizeitorientiert, alternativ engagiert), teils aber auch mit klassischen Motivklassifikationen. Der Begriff Eigenschaften (traits) dürfte unter den oben genannten den weitesten Geltungsbereich haben, wenngleich auch dieser freilich nicht eindeutig definiert ist (vgl. z.B. Asendorpf, 2006). Es hat eher pragmatische Gründe, nämlich die Möglichkeit zur relativ übersichtlichen Strukturierung des Feldes, dass in der neueren

AO-Psychologie Untersuchungen von Einflüssen der Persönlichkeit sehr häufig – wenn auch oft erst nachträglich – die Struktur des *Fünf-Faktoren-Modells der Persönlichkeit* (FFM) zugrunde gelegt wird (z.B. Barrick, Mount & Judge, 2001). Dieser faktorenanalytisch begründete Ansatz ordnet die Gesamtheit von Eigenschaften bzw. Eigenschaftsbegriffen den übergeordneten Dimensionen Neurotizismus (vs. emotionale Stabilität), Extraversion, Offenheit für Erfahrungen, Verträglichkeit und Gewissenhaftigkeit zu. Obwohl diese im Grundsatz empirisch sehr gut fundierte Strukturierung der Persönlichkeit aus Sicht der Personalpsychologie in mehrfacher Hinsicht auch kritisch zu betrachten ist (s. dazu ausführlicher Kap. 3), wird auf das FFM im Folgenden immer wieder zurückzukommen sein.

1.2 Anforderungsanalytische Verfahren

1.2.1 *Vorgehensweisen und Varianten der Anforderungsanalyse*

Bei der Bestimmung der Anforderungen in einer bestimmten Stelle geht es darum, die relevanten KSAOs zu identifizieren und ggf. in ihrer Bedeutung zu gewichten, wobei häufig, aber nicht immer, zunächst eine Bestimmung der Tätigkeitsmerkmale (d.h. der Elemente der Arbeitsaufgabe und Bedingungen) erfolgt, aus der die KSAOs abgeleitet werden können. Eckardt und Schuler (1992) unterscheiden drei grundsätzliche Zugänge zur Lösung dieser Aufgabe (im Überblick Schuler, 2006). Bei *erfahrungsgeleitet-intuitiven Methoden* werden Anforderungen durch Urteile beruflicher Experten nach deren intuitiver Einschätzung auf der Grundlage der Kenntnis der Tätigkeitsmerkmale bestimmt. In *arbeitsplatzanalytisch-empirischen Methoden* wird eine formale Arbeitsanalyse vorgeschaltet und die Ableitung der KSAOs aus bereits vorliegenden, ursprünglich ebenfalls per Expertenurteil generierten Verknüpfungen mit bestimmten Ausprägungen der empirisch bestimmten Arbeitsplatzmerkmale übernommen bzw. unabhängig ermittelt. Die Übergänge zwischen beiden Methodenklassen sind jedoch eher fließend, da die Bestimmung der Tätigkeits- und Anforderungsmerkmale bei konkreten Verfahren in unterschiedlichem Maße intuitiv oder strukturiert-empirisch vorgenommen werden kann. In beiden Fällen bilden Aussagen beruflicher Experten (sog. *subject matter experts* oder SMEs) die wichtigste Informationsquelle, die ggf. noch durch Verhaltensbeobachtungen durch geschulte Arbeitsanalytiker und Dokumentenanalysen (z.B. von Stellenbeschreibungen, die jedoch selbst ein Ergebnis formeller oder informeller Tätigkeitsanalysen darstellen) ergänzt werden. Ohne Einschätzungen von SMEs kommen dagegen *personbezogen-empirische Methoden* aus, bei denen Anforderungsmerkmale bei Arbeitsplatzinhabern empirisch erhoben und insbesondere zu deren Leistung in Beziehung gesetzt werden. Dieses entspricht im Prinzip der kriterienorientierten Validierung von Auswahlverfahren (s. Kap. 3) und wird an dieser Stelle nicht weiter vertieft.

Im Folgenden werden dagegen kurz einige ausgewählte Verfahren vorgestellt, die sich i.w.S. der arbeitsplatzanalytisch-empirischen Anforderungsanalyse zurechnen lassen, sich im Detail aber sehr stark voneinander unterscheiden (für ausführliche Zusammenfassungen s. Catano et al., 2005; Harvey, 1991). Das Vorgehen umfasst dabei im Grundsatz mehrere Schritte, auf die unterschiedliche Verfahren ihren jeweiligen Schwerpunkt legen, wobei auch Schritte ausgelassen werden können:

- Der Arbeitsplatz kann zunächst hinsichtlich verschiedener Merkmale von Aufgabe und Kontext generell beschrieben werden. Hier liegt der Schwerpunkt von Methoden, die in der nordamerikanischen Literatur als „worker-oriented job analysis" bezeichnet werden.
- Die Aufgabe kann in einzelne Aufgabenelemente oder Handlungen zerlegt werden. Dazu dienen Methoden der sog. „work-oriented job analysis".
- Sofern Aufgabenelemente unterschieden werden, müssen diese noch hinsichtlich ihrer Anforderungen bewertet werden. Dies geschieht durch Gegenüberstellung von Aufgabenelementen und KSAOs in Matrixform auf der Grundlage von Expertenschätzungen und manchmal auch empirischen Befunden.
- Die Analyse des Arbeitsplatzes kann übergangen werden, indem Arbeitsplätze ganzheitlich hinsichtlich der relevanten KSAOs eingeschätzt werden. Dies ist Gegenstand einer weiteren Variante, der „worker traits inventories".
- Die Ermittlung abstrakter KSAO-Konstrukte kann umgangen werden, indem erfolgskritisches Verhalten identifiziert und direkt in verhaltens-

orientierte personalpsychologische Instrumente umgesetzt wird. Dies geschieht regelmäßig mittels der Methode der kritischen Ereignisse.

1.2.2 Ausgewählte Instrumente der Anforderungsanalyse

Der prominenteste Vertreter der Klasse „worker-oriented" ist der *Position Analysis Questionnaire* (PAQ, McCormick, Jeanneret & Mecham, 1989; deutsch: Fragebogen zur Arbeitsanalyse, FAA; Frieling & Hoyos, 1978), der allerdings ein sehr umfassendes Instrument ist, das trotz seines Namens weder auf die Arbeitsanalyse i.e.S. noch auf die Erhebungsform des Fragebogens beschränkt ist. Es enthält jedoch einen Fragebogen, der von geschulten Arbeitsanalytikern auf der Grundlage u.a. von Beobachtungsinterviews mit Stelleninhabern ausgefüllt werden soll. Im FAA sind 221 Items (sog. Arbeitselemente) vier Dimensionen mit jeweils mehreren Facetten zugeordnet: (1) Informationsaufnahme und Informationsverarbeitung; (2) Arbeitsausführung; (3) arbeitsrelevante Beziehungen; (4) Umgebungseinflüsse und besondere Arbeitsbedingungen. Die Einstufung der Arbeitselemente erfolgt auf vorgegebenen Skalen z.B. nach Häufigkeit oder Wichtigkeit. Die Umsetzung in Anforderungsmerkmale geschieht synthetisch auf der Grundlage von (im Original umfangreichen) vorliegenden Einschätzungen der relevanten Personmerkmale, woraus sich dann ein Anforderungsprofil der fraglichen Stelle ergibt. Der PAQ/FAA ermöglicht gewissermaßen eine Arbeits- und Anforderungsanalyse „aus einem Guss", ist (insbes. im Original) umfangreich empirisch untersucht und für verschiedene Zwecke (z.B. auch monetäre Arbeitsbewertung, Berufsklassifikation) einsetzbar. Zu den Kritikpunkten gehören der hohe Aufwand sowie die relativ allgemeine Formulierung der Arbeitselemente, die ein Kennzeichen der Verfahrensklasse ist, und die Fokussierung bei der Entwicklung auf den Fertigungsbereich, weshalb auch breiter einsetzbare Instrumente ähnlichen Zuschnitts entwickelt wurden (vgl. Catano et al., 2005).

Bei den stärker spezifisch aufgabenbezogenen (work-oriented) Methoden steht im Zentrum die analytische Zerlegung der Arbeitsaufgabe in Aufgabenelemente, deren Inventarisierung und die Ausformulierung in sog. „task statements". Eine relativ stark formalisierte Vorgehensweise dazu wurde von Fine und Kollegen in der *Functional Job Analysis* (FJA, z.B. Fine &

1.2 Anforderungsanalytische Verfahren

Cronshaw, 1999) vorgeschlagen. Die FJA besteht im Kern aus zwei wesentlichen Elementen. Erstens spezifiziert sie klare Formulierungsregeln für die task statements, die im Vergleich mit anderen Verfahren oft zu recht umfangreichen, aber auch präzisen task statements führen (s. Harvey, 1991, für Beispiele). Das zweite wesentliche Element der FJA ist die Spezifikation der Beschreibungsebenen, nach denen die generierten task statements von SMEs in einem weiteren Schritt eingeschätzt werden. Im Zentrum steht dabei die Beschreibung der Tätigkeiten nach dem Grad der Beschäftigung mit den drei Elementen *„Data, People, Things"*, d.h. mit Informationsquellen, anderen Personen und der physischen Arbeitsumgebung. Ferner sollen die SMEs u.a. angeben, ob sie die betreffende Handlung überhaupt ausführen und ggf. noch, wie häufig das vorkommt und für wie bedeutsam sie die Handlung erachten. Ein eigenständiges Verfahren zur Umsetzung in Anforderungsmerkmale enthält die FJA nicht. Dies erfordert bei Anwendung von Aufgabeninventaren einen weiteren unabhängigen Schritt.

Für diesen Schritt sind zunächst Listen relevanter KSAOs erforderlich. Diese können bekannten Taxonomien (vgl. Abschn. 1.1) entnommen oder in Zusammenarbeit mit SMEs eigens für die Stelle generiert werden (zu einer Vorgehensweise s. Schmitt & Chan, 1998). Der Vorteil einer eigenen Entwicklung ist die Möglichkeit eines stellenspezifischen Zuschnitts; der Vorteil vorhandener Taxonomien ist die theoretisch-empirische Fundierung und meist auch das Vorliegen überprüfter Tests zu deren Messung, was insbesondere bei den stabilen Dispositionen (das A und O in KSAO) i.d.R. das schwerer wiegende Argument sein dürfte. Im nächsten Schritt müssen KSAOs ggf. ähnlich wie die Aufgabenelemente gewichtet werden. Für die Gewichtung bestehen unterschiedliche Möglichkeiten, wobei sich Schätzungen einer relativ kleinen Gruppe von SMEs als hinreichend reliabel erwiesen haben (Hirsh, Schmidt & Hunter, 1986). Die Ermittlung des Anforderungsprofils für eine Stelle kann dann auf synthetischem Wege erfolgen, indem bspw. Aufgabenelemente und Anforderungen einander in einer sog. *Task Statement x KSAO-Matrix* gegenübergestellt werden. Das Vorgehen ist insgesamt in Bsp. 1.1 für die hypothetische Stelle eines „Konferenzplaners" illustriert. Wenn in gleicher Weise Anforderungsprofile für mehrere Stellen anhand der gleichen Listen von KSAOs erstellt werden, lassen sich auch diese in übersichtlicher Matrixform (Stellen x KSAO) darstellen.

Beispiel 1.1: Hilfsmittel bei der synthetischen Ermittlung eines Anforderungsprofils für die Stelle eines Konferenzplaners (modifiziert nach Catano et al., 2005)

Beurteilungsformular für die Aufgabenelemente

Task Statement (TS)	Bedeutung	Leistungsniveau bei Eintritt	
TS 1: Fasst die Informationen verschiedener Anbieter von Übernachtungs- und Transportmöglichkeiten aus elektronischen Datenbanken, Reiseführern und Befragungen für Konferenzteilnehmer in einem Bericht zusammen, um diesen den Vergleich zwischen Anbietern zu erleichtern.	0 = keine 1 = gering 2 = moderat 3 = hoch 4 = sehr hoch	0 = nicht erforderlich 1 = kann noch erlernt werden 2 = wird vorausgesetzt	
Wissen (K)			Summe Ratings (w)
K 1: Qualitätskriterien für Hotels	⓪-①-**❷**-③-④	⓪-**❶**-②	_3_
K 2: ...	⓪-①-②-③-④	⓪-①-②	___
Fertigkeiten (S)			
S 1: Internetrecherchen durchführen	⓪-①-②-③-④	⓪-①-②	___
S 2: ...	⓪-①-②-③-④	⓪-①-②	___
Fähigkeiten (A)			
A 1: Verbale Intelligenz	⓪-①-②-③-④	⓪-①-②	___
A 2: ...	⓪-①-②-③-④	⓪-①-②	___
Andere Merkmale (O)			
O 1: Gewissenhaftigkeit	⓪-①-②-③-④	⓪-①-②	___
O 2: ...	⓪-①-②-③-④	⓪-①-②	___

1.2 Anforderungsanalytische Verfahren

Task Statement x KSAO-Matrix

	Anforderungen (KSAOs)										
	K 1	K 2	K 3	S 1	S 2	S 3	A 1	A 2	O 1	O 2	O 3
TS 1	3	W1,2	W1,3	W1,4	W1,5	W1,6	W1,7	W1,8	W1,9	W1,10	W1,11
TS 2	W2,1	W2,2	W2,3	W2,4	W2,5	W2,6	W2,7	W2,8	W2,9	W2,10	W2,11
TS 3	W3,1	W3,2	W3,3	W3,4	W3,5	W3,6	W3,7	W3,8	W3,9	W3,10	W3,11
TS 4	W4,1	W4,2	W4,3	W4,4	W4,5	W4,6	W4,7	W4,8	W4,9	W4,10	W4,11

Die Analyse des Arbeitsplatzes wird beim Typ der Eigenschaftsinventare (worker traits inventories) ganz umgangen, indem Stellen oder Berufe durch SMEs ganzheitlich hinsichtlich ihrer Anforderungen eingeschätzt werden. Solche Inventare wurden für unterschiedlich umfassende Listen von KSAOs erstellt, zum Teil aber auch nur für bestimmte Ausschnitte. Zum Beispiel liegt dem *Fleishman Job Analysis System* (F-JAS; Fleishman, 1992; deutsch Kleinmann, Manzey, Schumacher & Fleishman, 2010) die Fleishman-Taxonomie von 52 Fähigkeitskonstrukten zugrunde (s.o.), die von je mindestens 20 SMEs eingeschätzt werden. Zusätzlich sind auch soziale Fertigkeiten enthalten. Ein rein persönlichkeitseigenschaftsbezogenes Verfahren ist dagegen der *NEO Job-Profiler* (Costa, McCrae & Kay, 1995), mit dem Anforderungen nach dem FFM beschrieben werden, wobei die fünf Faktoren nochmals in jeweils sechs spezifische Facetten unterteilt werden. Auch beim NEO Job-Profiler sollen SMEs die Anforderungen hinsichtlich ihrer grundsätzlichen Relevanz und ihrer relativen Bedeutung (hier: „Erwünschtheit") für die Stelle einschätzen. Eigenschaftsinventare sind relativ einfach und kostengünstig einsetzbar, erfordern aber wegen der pauschalen Betrachtung eine große Erfahrung auf Seiten der SMEs (bzw. große SME-Gruppen zum Fehlerausgleich).

Ganz anders als bei allen bisher beschriebenen Methoden geht man bei der *Methode der kritischen Ereignisse* (Critical Incident Technique, CIT; Flanagan, 1954) vor. Dieser klassische Ansatz diente ursprünglich der

Leistungsbeurteilung, hat sich dafür aber trotz günstiger empirischer Befunde als zu aufwändig und deshalb unpraktikabel erwiesen (Bernardin & Beatty, 1984). Für die anforderungsanalytische Fundierung vieler personalpsychologischer Instrumente ist er dagegen bis heute ein unverzichtbares Hilfsmittel. Bei der CIT werden im Grunde weder die Aufgaben umfassend analysiert noch KSAOs im Sinne abstrakter Konstrukte abgeleitet. Stattdessen geht es allein um die Ermittlung solcher Verhaltensweisen, die nachvollziehbar zu Erfolg oder Misserfolg bei der Ausübung einer Tätigkeit geführt haben. Dazu werden keine Einschätzungen erhoben, sondern Arbeitsplatzinhaber, Vorgesetzte oder andere SMEs werden aufgefordert, Episoden konkreten Geschehens aufzuzeichnen. Die SMEs werden instruiert bzw. trainiert, dabei sind folgende Regeln zu beachten (Schmitt & Chan, 1998):

- Es muss sich um konkretes Verhalten handeln, für das die Arbeitsplatzinhaberin selbst verantwortlich war.
- Das Verhalten (oder die Unterlassung) muss besonders effektiv oder ineffektiv sein, also in erkennbarem Zusammenhang zu guten oder schlechten Ergebnissen stehen.
- Es muss beschrieben sein, was zu dem Ereignis geführt hat.
- Es muss beschrieben sein, welche Konsequenzen das Verhalten hatte.
- Die Beschreibung soll knapp sein, indem irrelevante Umstände oder Details weggelassen werden.

In der Praxis erfüllen CITs nicht immer diese Kriterien (zwei Positivbeispiele sind in Bsp. 1.2 vorgestellt). Insbesondere werden häufig Eigenschaften statt konkreten Verhaltens geschildert („X verhielt sich schlampig.") oder es werden wichtige Elemente weggelassen. Für die Entwicklung eines CIT-basierten Verfahrens kann daher die Sammlung von Hunderten oder mehr CITs erforderlich sein. Im Idealfall lassen sich daraus aber direkt Fragen bspw. für Einstellungsinterviews oder Beurteilungsskalen ableiten, die sich ggf. zu Verhaltensdimensionen bündeln lassen.

1.2 Anforderungsanalytische Verfahren

Beispiel 1.2: Beispiele mittels CIT ermittelter erfolgskritischer Ereignisse für Polizeibeamte (adaptiert nach Schmitt & Chan, 1998)

Ineffektives Verhalten: Der Polizeibeamte erhielt einen Anruf, in dem vor einer Verschwörung zum Mord an einem Bundesrichter gewarnt wurde. Der Beamte unterließ es, die Glaubwürdigkeit der Anschuldigung nachzuprüfen und informierte direkt die ermittelnde Stelle in seiner Abteilung. Das Ergebnis war, dass viel Zeit und Mühe verschwendet wurde, einem Hinweis nachzugehen, der sich als Ente herausstellte.

Effektives Verhalten: Als die Beamtin mit der Abrechnung für Undercover-Einsätze in ihrer Abteilung betraut wurde, begann sie sofort, alle Quittungen, Rechnungen und sonstigen Belege sorgfältig zu prüfen. Sie fand heraus, dass eine Autovermietung Tausende von Dollar gegenüber der Behörde doppelt abgerechnet hatte. Das Geld wurde erstattet.

Eine vergleichende empirische Evaluation der Methoden gestaltet sich aufgrund der Unterschiedlichkeit der Ansätze und Zwecke und des Fehlens allgemeingültiger Standards schwierig. Levine, Ash, Hall und Sistrunk (1983) ließen jedoch eine Reihe verbreiteter arbeits- und anforderungsanalytischer Verfahren (darunter die oben beschriebenen Methoden PAQ, FJA, F-JAS und CIT) von erfahrenen Arbeitsanalytikern einschätzen hinsichtlich ihrer Eignung für die Ermittlung von Anforderungskriterien, ihrer praktischen Anwendbarkeit und der Erfüllung rechtlicher Anforderungen zur Begründung von Personalentscheidungen, die sich aus Antidiskriminierungsgesetzen ergeben (hier spielt die anforderungsanalytische Fundierung neben der empirischen Validierung eine zentrale Rolle). Für die Eignung zur Ermittlung von Anforderungsprofilen lagen die Methoden (mit Ausnahme der schlechter eingeschätzten CIT) relativ nah beieinander. PAQ und FJA erhielten hohe Wertungen bei der Praktikabilität (auch hier schnitt die CIT am schlechtesten ab), während unter rechtlichen Gesichtspunkten analytische Methoden (z.B. FJA) besonders gut, Eigenschaftsinventare (z.B. F-JAS) besonders schlecht beurteilt wurden. Insgesamt zeigten die Einschätzungen, dass der PAQ einen günstigen Kompromiss zwischen verschiedenen Kriterien darstellt, während sich die CIT eher als Grundlage der Verfahrensentwicklung denn für die Ermittlung stellenübergreifend vergleichbarer Anforderungsprofile eignet. Ferner zeigte sich auch metaanalytisch, dass professionell ausgebildete und erfahrene Arbeitsanalytiker sowie arbeitsplatzanalytische Verfahren und standardisierte Ratingskalen die reliabelsten Ergebnisse erzielen (im Überblick Catano et al., 2005).

1.3 Alternativen zur traditionellen Anforderungsanalyse

Insbesondere wenn eine formale Analyse der einzelnen Arbeitsplätze vorgeschaltet wird, was aufgrund der Evaluation eigentlich zu empfehlen ist (s.o.), ist die Anforderungsanalyse ein extrem aufwändiges Verfahren. Aufgrund der zunehmenden Instabilität der Anforderungen in Berufen und Stellen wird der Zeithorizont für die Gültigkeit arbeitsanalytischer Befunde zudem immer kürzer. Dies hat dazu geführt, dass in jüngerer Zeit eine Reihe von Ansätzen entwickelt wurde, mit denen sich Anforderungen wesentlich unaufwändiger, schneller und flexibler wechselnden Bedingungen anpassen lassen sollen. Unter den oben dargestellten klassischen Methoden stellen die Eigenschaftsinventare zur holistischen Einschätzung von Arbeitsplätzen (u.a. F-JAS, NEO Job-Profiler) die größte Annäherung an diese Ziele dar. Drei sehr unterschiedliche Vorschläge mit ähnlichen Zielen werden im Folgenden noch diskutiert.

Kompetenzmodelle. Ein Ansatz, der in der Management-Praxis große Popularität erlangt hat, ist die sog. *Kompetenzmodellierung* (competency modeling, CM; s. dazu einführend Catano et al., 2005). Der Begriff Kompetenz ist besonders in der Pädagogik verbreitet, wird in der Psychologie jedoch aufgrund seiner schwierigen Abgrenzung und uneinheitlichen Verwendung meist weniger geschätzt (ähnlich wie die verwandten „Schlüsselqualifikationen"). Beim CM werden darunter meist inhaltlich breit definierte Anforderungen jeglicher Art subsumiert, die stellenübergreifend innerhalb einer Organisation relevant sein können (oft in Form von Bindestrichkompetenzen: Fach-, Methoden-, Sozial-, „Selbstkompetenzen" usw.; vgl. Nerdinger, Blickle & Schaper, 2008). Beim CM wird eine möglichst organisationsweite sog. „Kompetenzarchitektur" erstellt, in der meist unterschieden wird zwischen sehr allgemeinen Kernkompetenzen, für verwandte Berufe relevanten funktionalen Kompetenzen und stellenspezifischen Kompetenzen. Wesentliche Unterschiede zu den traditionellen Anforderungen sind, dass zur Analyse der Kompetenzen lediglich ein Rahmenkonzept existiert (McClelland, 1973) und dass den Kompetenzkonstrukten eine den KSAOs vergleichbare theoretische und empirische Fundierung fehlt. Eine Zusammenstellung aller in einer Organisation relevanten Kompetenzen erfolgt schließlich in einem Kompetenzverzeichnis (competency dictionary). Auf dieser Grundlage können Kompetenzprofile erstellt werden, mit denen sich sowohl existierende als auch aus der strategischen Planung abgeleitete zukünftige Stellen beschreiben und mit entsprechenden Profilen von Mitarbeitern oder Stellenbewerbern vergleichen lassen sollen.

Die Idee des CM, ein an die Bedürfnisse der Organisation angepasstes Instrument für flexibles HR-Management und Personalplanung maßzuschneidern, hat sicherlich viel zur Popularität des Ansatzes beigetragen. In einer Expertenbefragung (Schippmann et al., 2000) wurde die Verbindung zu strategischen Unternehmenszielen denn auch als ein Vorteil des CM gegenüber der traditionellen Anforderungsanalyse identifiziert, allerdings auch als der einzige Vorteil. Auf allen anderen der insgesamt zehn eingeschätzten Dimensionen geriet CM im Expertenurteil teils deutlich ins Hintertreffen. Erste Befunde der noch sehr spärlichen empirischen Forschung zeigen, dass CM deutlich von der Erfahrung der Praktiker profitiert und dass die Kombination mit der methodischen Strenge der Anforderungsanalyse psychometrische Gütekriterien wesentlich verbessert (z.B. Lievens, Sanchez & DeCorte, 2004). Sanchez und Levine (2009) vertreten die Auffassung, dass es sich bei CM und traditioneller Anforderungsanalyse nicht um Alternativen handele, sondern um grundsätzlich verschiedenartige Ansätze, die sinnvoll kombiniert werden können und sollten. Damit gehen allerdings die Vorteile geringeren Aufwands und höherer Flexibilität wieder verloren.

O*Net. Eine Alternative mit faszinierendem Einsparpotential ist der Rückgriff auf vorhandene Datenbanken beruflicher Anforderungen, besonders wenn diese nichts kosten. Mit dem US-amerikanischen *Occupational Information Network (O*Net*, z.B. Peterson et al., 2001) steht eine solche Datenbank tatsächlich seit einiger Zeit kostenfrei zur Verfügung (im Internet unter http://online.onetcenter.org/; ein nicht ganz analoges System entwickelt die Bundesagentur für Arbeit unter dem Stichwort BERUFENET). Darin werden zahlreiche Berufe hinsichtlich der Analysenebenen Individuum, Arbeitsplatz, Organisation und genereller Arbeitsmarkt beschrieben. Inhaltlich liegt dem O*Net ein Modell zugrunde, in dem diese Analyseebenen in sechs Hauptkategorien mit jeweils mehreren Unterkategorien näher spezifiziert werden.

Drei dieser Hauptkategorien beschäftigen sich mit der formalen Qualifikation und den KSAOs. Fähigkeiten und andere Merkmale werden bspw. in der Kategorie „worker characteristics" beschrieben, deren Unterkategorien i.W. auf die hier bereits dargestellten Taxonomien von Fähigkeiten, beruflichen Interessen und Wertorientierungen sowie Persönlichkeitsmerkmalen (neben dem FFM sind hier auch einige spezifischere Eigenschaften genannt) beruhen. Zu fast sämtlichen Merkmalen liegen auch Einschätzungen der Bedeutung vor, die im Internet in der Detailansicht eingesehen werden können (für ein stark verkürztes Bsp. s. Abb. 1.1). Diese Einschätzungen können bspw. für die synthetische Ableitung von Anforderungsprofilen für Verfahren der Personalauswahl oder für die Berufsberatung eingesetzt werden, wofür bereits zahlreiche Hinweise zur empirischen Bewährung vorliegen (im Überblick LaPolice, Carter & Johnson, 2008). Freilich ersetzen die Informationen im O*Net keine arbeitsplatz- und aufgabenspezifischen Analysen, sie sind jedoch nach vorliegenden Erkenntnissen ein deutlicher Gewinn gegenüber der naiv-intuitiven Bewertung.

1.3 Alternativen zur traditionellen Anforderungsanalyse

Interests Save Table (XLS/CSV)

Occupational Interest	Interest
89	**Investigative** — Investigative occupations frequently involve working with ideas, and require an extensive amount of thinking. These occupations can involve searching for facts and figuring out problems mentally.
72	**Enterprising** — Enterprising occupations frequently involve starting up and carrying out projects. These occupations can involve leading people and making many decisions. Sometimes they require risk taking and often deal with business.
50	**Artistic** — Artistic occupations frequently involve working with forms, designs and patterns. They often require self-expression and the work can be done without following a clear set of rules.
50	**Social** — Social occupations frequently involve working with, communicating with, and teaching people. These occupations often involve helping or providing service to others.
28	**Conventional** — Conventional occupations frequently involve following set procedures and routines. These occupations can include working with data and details more than with ideas. Usually there is a clear line of authority to follow.
0	**Realistic** — Realistic occupations frequently involve work activities that include practical, hands-on problems and solutions. They often deal with plants, animals, and real-world materials like wood, tools, and machinery. Many of the occupations require working outside, and do not involve a lot of paperwork or working closely with others.

back to top

Work Styles Save Table (XLS/CSV)

Importance	Work Style
93	**Analytical Thinking** — Job requires analyzing information and using logic to address work-related issues and problems.
92	**Dependability** — Job requires being reliable, responsible, and dependable, and fulfilling obligations.
91	**Integrity** — Job requires being honest and ethical.
90	**Achievement/Effort** — Job requires establishing and maintaining personally challenging achievement goals and exerting effort toward mastering tasks.
90	**Initiative** — Job requires a willingness to take on responsibilities and challenges.
89	**Cooperation** — Job requires being pleasant with others on the job and displaying a good-natured, cooperative attitude.
88	**Adaptability/Flexibility** — Job requires being open to change (positive or negative) and to considerable variety in the workplace.
86	**Independence** — Job requires developing one's own ways of doing things, guiding oneself with little or no supervision, and depending on oneself to get things done.
82	**Leadership** — Job requires a willingness to lead, take charge, and offer opinions and direction.
82	**Self Control** — Job requires maintaining composure, keeping emotions in check, controlling anger, and avoiding aggressive behavior, even in very difficult situations.
80	**Attention to Detail** — Job requires being careful about detail and thorough in completing work tasks.

Abbildung 1.1: Ausschnitt aus der Detailansicht des O*Net zum Beruf der AO-Psychologin (aus http://online.onetcenter.org/link/details/19-3032.00)

Validitätsgeneralisierung. Ein letztes Beispiel für Alternativen zur traditionellen Anforderungsanalyse sei hier nur am Rande erwähnt, weil es v.a. die Eignungsdiagnostik betrifft. Für diesen Zweck wurde die Annahme, dass die Validität eignungsdiagnostischer Verfahren durch Spezifika der Aufgabe wesentlich moderiert wird (Hypothese der Situationsspezifität), von Vertretern der metaanalytischen Methode der *Validitätsgeneralisierung* bestritten (Schmidt, Hunter & Pearlman, 1981). Für die Generalisierbarkeit der Validität besonders der allgemeinen Intelligenz, aber auch einiger anderer Anforderungsmerkmale aus dem Bereich der Persönlichkeitseigenschaften, zur Prognose der Leistung in praktisch allen Berufen liegt inzwischen umfangreiche empirische Bestätigung vor (s. Kap.3), so dass für die Auswahl eignungsdiagnostischer Instrumente der Zusatznutzen arbeitsplatzspezifischer Analysen über die bloße Kenntnis der Ergebnisse von Metaanalysen hinaus wirklich bestreitbar ist. Allerdings zeigen sich für manche Merkmale durchaus spezifische Zusammenhänge und neben der Validität sind auch andere Kriterien wie Akzeptanz und rechtliche Zulässigkeit zu beachten, für die der explizite und nachvollziehbare Anforderungsbezug eine wesentliche Rolle spielt. Für andere Zwecke, etwa die Ableitung des Trainingsbedarfs, ist die genaue Kenntnis der Aufgaben ohnehin unverzichtbar. Ein Königsweg der Anforderungsanalyse, oder des Verzichts darauf, existiert eigentlich nicht und ggf. sollten unterschiedliche methodische Zugänge für unterschiedliche Zwecke kombiniert werden (vgl. z.B. Nerdinger et al., 2008).

Weiterführende Literaturempfehlungen

Catano, V. M., Wiesner, W. H., Hackett, R. D., & Methot, L. L. (2005). *Recruitment and selection in Canada* (3rd ed.). Toronto: Thomson-Nelson. (insbes. ch. 4).

Nerdinger, F., Blickle, G. & Schaper, N. (2008). *Arbeits- und Organisationspsychologie*. Heidelberg: Springer. (insbes. Kap. 15).

Schmitt N., & Chan, D. (1998). Personnel selection: A theoretical approach. Thousand Oaks, CA: Sage. (insbes. chs. 2 und 4).

Schuler, H., (2006). Arbeits- und Anforderungsanalyse. In. H. Schuler (Hrsg.), *Lehrbuch der Personalpsychologie* (2. überarb. u. erw. Aufl.) (S.46-68). Göttingen: Hogrefe.

2 Personalmarketing

Nach dem Verständnis des Human Resources Management (HRM) werden Mitarbeiter als das wichtigste Kapital des Unternehmens angesehen (z.B. Armstrong, 2009). Die Versorgung des Unternehmens mit „Humankapital" ist daher schon aus rein wirtschaftlicher Sicht eine überlebenswichtige Funktion und ein entscheidender Wettbewerbsfaktor, wie sich auch empirisch belegen lässt (für Beispiele vgl. Marcus, 2011). Dazu ist es notwendig, potenzielle Mitarbeiter auf internen oder externen Arbeitsmärkten anzusprechen, auszuwählen und für den Eintritt sowie später den Verbleib in der Organisation zu gewinnen. Das Personalmarketing beschäftigt sich nach unterschiedlich weitem oder engem Verständnis mit der Gewinnung und ggf. auch Bindung von Mitarbeitern (vgl. Moser & Zempel, 2006). Dies entspricht dem aus der BWL entlehnten Begriff Marketing, der die Vermarktung der Angebote (hier Stellenangebote) des Unternehmens gegenüber potenziellen Kunden (hier Bewerbern) ins Zentrum stellt, aber auch die Pflege gewonnener Kunden (Mitarbeiter) betreffen kann. Hier wird ein relativ enges Verständnis zugrunde gelegt, nach dem der Schwerpunkt des Personalmarketing auf der Ansprache externer Bewerber (einschließlich der Pflege der Reputation als Arbeitgeber) liegt, was dem im Englischen üblichen Begriff der Rekrutierung (recruitment) entspricht. Die eigentliche Auswahl seitens der Organisation ist nicht Teil des Personalmarketing (s. Kap. 3).

Rekrutierung und Auswahl hängen gleichwohl eng zusammen und betreffen Entscheidungen seitens der Organisation wie der Bewerber. Zu Beginn wird deshalb ein generelles Rahmenkonzept für dieses und das folgende Kapitel vorgestellt, das die Perspektiven von Organisation und BewerberInnen auf Prozesse des Eintritts in die Organisation darstellt. Dem schließt sich die Vorstellung einiger theoretischer Ansätze zum Verständnis dieser Prozesse an. Da es im Personalmarketing im Kern um die Passung zwischen Person und Situation geht, werden in einem Exkurs einige Aspekte von Varianten dieser Passung diskutiert. Aus Sicht der Organisation geht es dann um die Vorstellung ausgewählter Instrumente des Personalmarketing, bevor zum Abschluss die Perspektive der Bewerber zu Entscheidungen über die Organisationswahl beleuchtet wird.

2.1 Theoretische Perspektiven zum Eintritt in die Organisation

2.1.1 Ein Rahmenkonzept

Mit dem HRM wurde bereits eine betriebswirtschaftliche Sichtweise der Aufgabe bzw. Funktion der Personalbeschaffung vorgestellt. Aus psychologischer Sicht geht es nicht so sehr um die Ausstattung des Unternehmens mit Personal, sondern um das Verständnis des Verhaltens und Erlebens der beteiligten Akteure (dies ist kein Widerspruch, sondern lediglich eine andere Perspektive). Aus diesem Blickwinkel wird in dem in Abb. 2.1 dargestellten Rahmenmodell der Zeitraum zwischen der Ausschreibung einer Stelle und deren Besetzung betrachtet (vgl. Marcus, 2009). Die Akteure sind auf der einen Seite die *Organisation* bzw. deren für die Personalbeschaffung verantwortliche Vertreter, auf der anderen Seite die *Stellenbewerber* (unterstellt wird hier externe Ausschreibung, bei interner Besetzung entsteht ein anderes Entscheidungsproblem). Wie immer, wenn zwei einander noch wenig bekannte Interaktionspartner ernsthaft in Erwägung ziehen, eine langfristige und wichtige Beziehung miteinander einzugehen, müssen beide Seiten dabei zwei unterschiedliche Aufgaben lösen. Erstens müssen sie herausfinden, ob der potenzielle neue Partner für sie attraktiv genug ist, um in Frage zu kommen, und bei dieser Einschätzung ggf. auch andere potenzielle Kandidaten vergleichend berücksichtigen, um eine Auswahl zu treffen (Aufgabe der *Selektion*). Solange die Beziehung beiderseits auf Freiwilligkeit beruht, müssen sie zweitens ihren Wunschkandidaten davon überzeugen, über sie selbst zu dem gleichen Urteil zu kommen (Aufgabe der *Attraktion*).

In dem hier betrachteten Zeitraum verschieben sich dabei in typischer Weise die Schwerpunkte der Verteilung dieser Aufgaben zwischen Bewerber und Organisation (in Abb. 2.1 durch die unterschiedlichen Flächenanteile angedeutet). Zu Beginn überwiegt aus Sicht der Organisation die Aufgabe, einen genügend großen Bewerberpool zu generieren, während Bewerber ihrerseits frei auswählen können, bei wem sie sich bewerben wollen. Dem entspricht die Betrachtung der Attraktionsaufgabe aus Organisationssicht unter dem Stichwort *Personalmarketing* sowie aus Sicht der Bewerber die Selektion oder *Organisationswahl*. Damit beschäftigen sich weitere Unterabschnitte dieses Kapitels. Im weiteren Verlauf rückt spiegelbildlich aus Organisationssicht die Selektionsaufgabe (*Personalauswahl*) in den Vordergrund, während aus Bewerbersicht die Attraktivität für den Arbeitgeber und damit die *Selbstdarstellung* immer wichtiger wird (s. dazu Kap. 3). Dabei ist jedoch zu beachten, dass sich beide Parteien zu keinem Zeitpunkt ausschließlich auf eine Aufgabe konzentrieren können. Organisationen sollten auch zu Beginn darauf achten, nicht irgendwelche, sondern möglichst geeignete Bewerber anzusprechen (insbes. durch Beeinflussung der Selbstselektion) und müssen auch am Ende die ausgewählten Bewerber von der Annahme des Stellenangebots überzeugen (Attraktion). Ebenso stellen sich Bewerber nicht erst im Auswahlgespräch, sondern schon in den Bewerbungsunterlagen selbst dar (Attraktion) und können auch am Ende manchmal noch Angebote auswählen, auf jeden Fall aber ablehnen (z.B. aufgrund mangelnder Akzeptanz). Abb. 2.1 lässt sich also als ein genereller Rahmen für die Analyse der wesentlichen Aufgaben ansehen, mit denen sich die Akteure im Prozess bis zum Eintritt in die Organisation beschäftigen müssen.

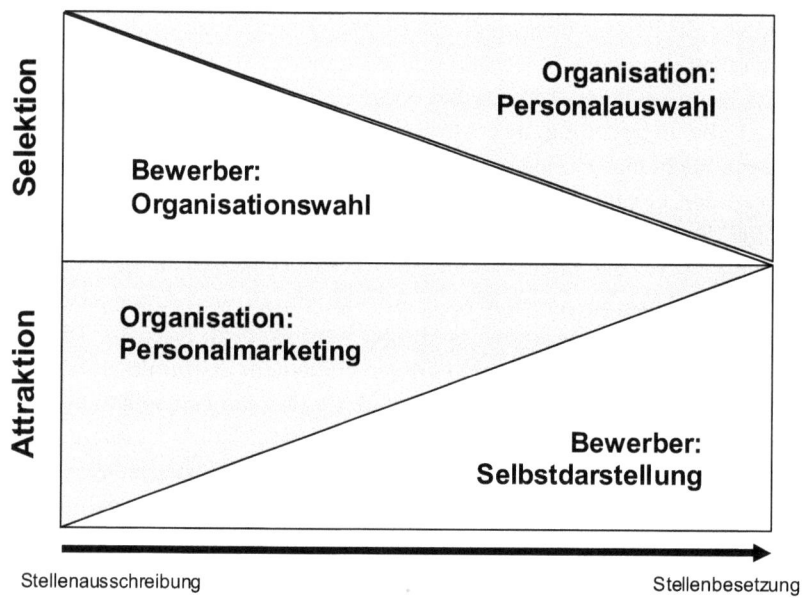

Abbildung 2.1: Rahmenkonzept der Aufgaben von Bewerber und Organisation bis zum Eintritt in die Organisation

2.1.2 Prozessmodelle und Passung von Organisation und Person

Personalmarketing lässt sich als ein von der Organisation initiierter Prozess beschreiben, in dessen Verlauf versucht wird, Entscheidungen der Bewerber mit zunehmendem Bindungsgrad gegenüber dem Unternehmen zu beeinflussen. Moser und Zempel (2004) unterscheiden dabei idealtypisch fünf Phasen. Im engeren Verständnis betrifft die Rekrutierung v.a. den Übergang zwischen den ersten beiden Phasen, bei dem aus potenziellen Bewerbern (Teilnehmern am Arbeitsmarkt) tatsächliche Bewerber gemacht werden sollen. Im weiteren Verlauf sollen Bewerber dazu gebracht werden, die Entscheidung zur Bewerbung bis zum Vorstellungstermin aufrecht zu erhalten und ggf. die Einladung (diese ist eine Frage der [Vor-]Selektion) anzunehmen, wobei besonders der Zeitfaktor eine wichtige Rolle spielt (vgl. Moser und Zempel, 2004). In der vierten Phase will die Organisation erreichen, dass die ausgewählten Bewerber das Stellenangebot akzeptieren und schließlich noch, dass sie so lange wie gewünscht in der Organisation verbleiben. Für die Annahme des Stellenangebots spielt u.a. die Gestaltung von Auswahlprozessen und Instrumenten eine Rolle, weshalb Personalauswahl stets auch unter dem Aspekt der Attraktion zu betrachten ist (s. Kap. 3).

ASA-Theorie. Eine sehr einflussreiche Theorie der beiderseitigen Entscheidungen über die Mitgliedschaft in Organisationen ist die *ASA-Theorie* von Schneider (1987; Schneider, Goldstein & Smith, 1995). Das Kürzel ASA steht für die drei Phasen „attraction" (Beurteilung der Attraktivität der Organisation bzw. Selbstselektion durch potenzielle Bewerber), „selection" (Auswahl durch die Organisation) und „attrition" (Entscheidung über Verbleib oder Ausscheiden), die einen sich zyklisch wiederholenden Prozess bilden. Die treibende Kraft in diesem Prozess ist die Suche nach Ähnlichkeit oder Passung zwischen individueller Persönlichkeit und Organisationskultur. Bewerber suchen Organisationen vor allem nach der Passung zu ihren Persönlichkeitsmerkmalen und Wertorientierungen aus. Ebenso wählen Organisationen Mitarbeiter nach der wahrgenommenen Passung zu ihrer Kultur aus. Diese auf wahrgenommener Passung beruhende wechselseitige Anziehungskraft wird allgemein auch als (organisationale) *Gravitation* bezeichnet. Schließlich sorgt das Bedürfnis nach Passung dafür, dass neu eingestellte Mitarbeiter, deren Passung sich als unzureichend erweist, entweder durch Sozialisation die Werte des Unternehmens übernehmen, durch eigene Gestaltung die Organisation ihren Vorstellungen anpassen oder die Organisation verlassen. Die ASA-Theorie ist ferner explizit personalistisch: Sie betrachtet, in Abänderung der Lewinschen (1963) Verhaltensformel $V = f(P, U)$, Organisationen als von Menschen (P) und deren Verhalten (V) gemachte Umfelder: $U = f(P, V)$. („The people make the place."). Ein weiteres zentrales Element der Theorie ist die Annahme, dass sich die Menschen innerhalb einer Organisation immer ähnlicher werden (*Homogenisierung*). Dies impliziert u.a. eine Tendenz zur Erstarrung, die nach Schneider nur langsam durch Heterogenisierung mittels aktiver Suche nach Mitgliedern mit anderen Persönlichkeitsstrukturen geschehen kann. Schneider sieht Rekrutierung dafür als eine Schlüsselaktivität an. Das ASA-Modell hat erheblich zur Renaissance differenzialpsychologischer Ansätze in der AO-Psychologie beigetragen, spezifiziert allerdings die entscheidenden Persönlichkeitsmerkmale inhaltlich ebenso wenig wie die Form und methodische Bestimmung der Passung zwischen Person und Organisation (P-O-Fit). P-O-Fit ist eine spezifische Form der Passung zwischen Person und Umwelt (P-E-Fit). Von Kristof (1996) stammt der Versuch einer umfassenden Strukturierung dieses facettenreichen und komplexen Gebiets. Wegen der grundsätzlichen Bedeutung des P-E-Fit für viele Bereiche der AO-Psychologie wird dieser Beitrag zusammen mit einigen empirischen Befunden in Exkurs 2.1 näher vorgestellt.

Exkurs 2.1: Person-Environment-Fit in der AO-Psychologie

Konzeptionelle Differenzierung. Grundsätzlich lassen sich zwei Arten der Passung unterscheiden (Kristof, 1996). Unter *supplementärem Fit* wird die Ähnlichkeit zwischen Person und Umfeld verstanden, wie sie z.B. im ASA-Modell betont wird (s.o.). Von *komplementärem Fit* ist dagegen die Rede, wenn Nachfrage oder Bedürfnisse der einen Seite durch ein entsprechendes Angebot der anderen Seite befriedigt werden können, was mit supplementärem Fit einhergehen kann, aber nicht muss. Komplementärer Fit tritt z.B. auch auf, wenn ein Unternehmen bewusst nach Mitarbeitern sucht, die neue Sichtweisen („frisches Blut") oder eine noch fehlende Qualifikation einbringen. Dagegen korrespondiert zum supplementären Fit eher die Suche nach Mitarbeitern, die „zu uns passen". Supplementärer Fit führt zwangsläufig zur Homogenisierung der Mitglieder innerhalb desselben Umfelds, was beim komplementären Fit nicht der Fall sein muss. In der nachfolgenden Abbildung sind diese Unterschiede illustriert und auch inhaltliche Merkmale zur Bestimmung der beiden Arten der Passung aufgeführt.

2.1 Theoretische Perspektiven zum Eintritt in die Organisation

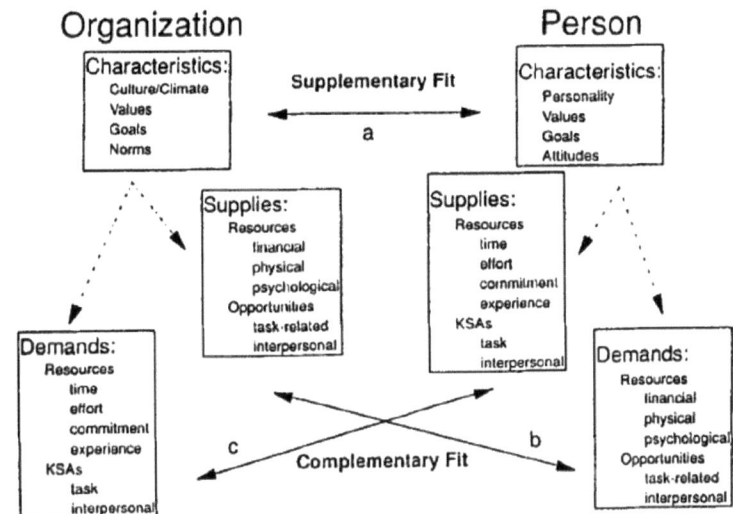

Unterschiedliche Konzeptionen des P-O-Fit (aus Kristof, 1996)

Art des Umfelds. Kristof (1996) unterscheidet hier zwischen vier Umfeldern, auf die sich die P-E-Fit-Forschung in der AO-Psychologie beziehen kann:

- *Person-Vocation-Fit* (P-V-Fit): Dies bezeichnet praktisch immer die supplementäre Passung im Sinne der Kongruenz von Person und Beruf.
- *Person-Organization-Fit* (P-O-Fit): Die am häufigsten untersuchte und vielschichtigste Form kann supplementär oder komplementär sein und sich auf vielfältige Untersuchungsfelder der AO-Psychologie beziehen (z.B. Rekrutierung, Personalauswahl, Arbeitszufriedenheit, organisationale Kultur usw.)
- *Person-Group-Fit* (P-G-Fit): Die Passung zwischen Person und (anderen Mitgliedern) der Arbeitsgruppe betrifft die Zusammensetzung von Teams in sowohl supplementärer als auch komplementärer Hinsicht.
- *Person-Job-Fit* (P-J-Fit): Die Passung mit Merkmalen der Arbeitsaufgabe entspricht weitgehend dem komplementären Fit, wobei die Personalpsychologie eher Anforderungen aus Sicht der Organisation betrachtet (Pfad c in obiger Abb.), die Arbeitspsychologie eher das Potenzial zur Befriedigung von Bedürfnissen der Mitarbeiter (Pfad b).

Operationalisierung. Ebenso vielschichtig wie die Konzeption ist die Messung des P-E-Fit (Kristof, 1996; s.a. Marcus, 2011). Bei der *direkten Messung* wird der Fit i.d.R. durch Befragung der Person unmittelbar eingeschätzt. Dies ist dann sinnvoll, wenn das Interesse der subjektiv wahrgenommenen Passung gilt, konfundiert (vermischt) aber die Erfassung von Merkmalen bei P und E. Dieses Problem wird bei *indirekter Messung* umgangen, bei der die der Passung zugrunde gelegten einzelnen Merkmale zunächst unabhängig voneinander bei P und E gemessen und die Übereinstimmung erst nachträglich in einem weiteren Schritt ermittelt wird. Für supplementären Fit (Kongruenz) wird hier meist die Messung der gleichen Dimensionen bei P und E gefordert (sog. commensurate measurement). Bei komplementärem Fit muss die Passung der verschiedenartigen Merkmale noch synthetisch oder empirisch abgeleitet werden (s. Abschn. 1.2.1 für Beispiele). Die indirekte Messung hat die Vorteile größerer Objektivität und geringer Konfundierung von P und E, leidet aber (besonders bei Anwendung einfacher Maße der Differenz oder Profilähnlichkeit) unter erheblichen methodischen Problemen. Zusätzliche Probleme wirft die Verbindung unterschiedlicher Ebenen der Aggregation (Individuum, Gruppe, Organisation) auf (vgl. Kristof, 1996).

Empirische Befunde. Trotz der Messprobleme sind die Auswirkungen unterschiedlicher Formen des P-E-Fit intensiv erforscht. Kristof-Brown, Zimmerman und Johnson (2005) fassten die Befunde in einer umfangreichen Metaanalyse zusammen, deren Ergebnisse hier nur angedeutet werden können. P-J-Fit korrelierte substanziell (ca. ρ = .30 bis .60) mit Einstellungskonstrukten (z.B. Zufriedenheit, Attraktivität) und Verhaltensabsichten (z.B. Kündigungsabsicht), aber nur moderat (bis .20) mit tatsächlichem Verhalten (z.B. Leistung, Verbleib in der Organisation). Die Befunde zum P-O-Fit waren in der Tendenz ähnlich, sind jedoch etwas differenzierter zu betrachten. U.a. fanden sich kaum Zusammenhänge mit aufgabenbezogener, wohl aber mit umfeldbezogener Leistung (vgl. Kap. 4). Die Unterscheidung zwischen supplementärem und komplementärem Fit hatte kaum systematische Einflüsse, während insbesondere Kriterien vor Eintritt in die Organisation (z.B. Attraktivität der Organisation, Stellenangebot) praktisch ausschließlich mit dem direkt erhobenen subjektiven Fit zusammenhingen. Auswertungen methodisch komplexerer Einzelstudien ergaben ferner u.a., dass sich positiver Misfit (Angebot übertrifft die Erwartungen) fast gar nicht, negativer Misfit dagegen dramatisch negativ auf Einstellungsmaße auswirkt.

2.2 Möglichkeiten der Ansprache von Bewerbern (Rekrutierung)

Bei der eigentlichen Rekrutierung ist zunächst zu entscheiden, ob Bewerber auf internen oder externen Wegen angesprochen werden sollen (Moser & Zempel, 2004; 2006). Dies ist eine Entscheidung recht grundsätzlicher Natur, die im Grunde die Ausrichtung des gesamten HR-Managements betrifft. Bei *interner Ansprache* sind Mitarbeiter und Organisation bereits miteinander vertraut, was das Risiko von Fehlentscheidungen und die Kosten der Einarbeitung verringert. Ferner können so den eigenen Mitarbeiterinnen Perspektiven der Laufbahnplanung aufgezeigt werden. Allerdings können dabei auch Loyalitätskonflikte und Rivalitäten entstehen, und das Problem der externen Besetzung wird lediglich auf die frei gewordenen Stellen verlagert, so lange diese nicht abgebaut werden sollen. Bei *externer Ansprache* kann auf einen wesentlich größeren Arbeitsmarkt zurückgegriffen und dem Problem der zunehmenden Homogenisierung gezielt entgegen gesteuert werden; die Nachteile ergeben sich spiegelbildlich aus den Vorzügen der internen Ansprache. In beiden Fällen kann die Kommunikation entweder auf *formellen* Wegen (offizielle Ausschreibung und Publikation in geeigneten Medien, s.u.) oder *informell* durch „Mund-zu-Mund-Propaganda" erfolgen, wobei meist vorhandene Mitarbeiter die Kommunikation übernehmen. Betriebsvereinbarungen und andere Regeln schreiben häufig formelle Ausschreibungen vor, was dem Gedanken der Fairness und Transparenz entspricht. Andererseits kann auf informellen Wegen oft eine gezieltere Vorauswahl der Bewerber stattfinden, was nach empirischen Befunden zu einer besseren Qualität des Bewerberpools (im Sinne einer höheren Basisrate, vgl. Kap. 3) führt (im Überblick Moser & Zempel, 2004).

Für die konkrete Ausgestaltung der Rekrutierung stehen zahlreiche Instrumente, Medien und Werbemittel (zwischen diesen Gestaltungsmitteln wird nicht immer konsequent getrennt) zur Verfügung. Eine sehr unvollständige Auswahl ist in Tabelle 2.1 aufgelistet (ausführlicher z.B. bei Catano et al., 2005; Moser & Zempel, 2004). Einige wenige Methoden werden im Folgenden etwas näher vorgestellt, darunter auch eine nicht in Tab. 2.1 aufgeführte, in deren Zentrum eher die Selbstselektion der Bewerber steht.

Tabelle 2.1: Ausgewählte Instrumente des Personalmarketing

Interne Bewerberansprache • Interne Stellenanzeigen (z.B. Aushänge, Intranet) • Informelle Ansprache bzw. Nominierung durch Vorgesetzte, Kollegen **Externe Bewerberansprache** • Stellenanzeigen (v.a. in Printmedien) • Imagebroschüren, allgemeine PR	• Jobmessen • Direktansprache („head hunting") • Arbeitsagentur, private Vermittler • Kontaktierung an Schulen und Hochschulen • Praktika, Führungen im Betrieb • Internet (Anzeigen, Suche in Jobbörsen) • Informelle Ansprache durch Mitarbeiter

Stellenanzeigen. Der Klassiker unter den Rekrutierungsinstrumenten ist die *Stellenanzeige* in Printmedien, wenngleich deren Bedeutung kontinuierlich zurückgeht (viel des hier Gesagten ist aber auch auf Anzeigen im Internet übertragbar). Bei der Auswahl des Mediums ist neben der allgemeinen Reichweite auch zu beachten, ob sich arbeitsmarktspezifische Lesegewohnheiten herausgebildet haben. Manchmal ziehen es Unternehmen vor, in der publizierten Anzeige anonym zu bleiben (durch Chiffre oder die Einschaltung einer Personalagentur), was jedoch gerade qualifizierte Bewerber wegen des Zusatzaufwands und der Unterstellung eines (vermeintlichen oder echten) Imageproblems abschrecken kann. Durch die Gestaltung der Anzeige kann das Unternehmen versuchen, nicht nur den Bewerberpool quantitativ zu erweitern, sondern durch aussagekräftige Informationen auch qualitativ einzuschränken. Zur inhaltlichen Ausgestaltung existieren Checklisten mit Elementen, die in der Anzeige enthalten sein können oder sollten (für ein Bsp. s. Moser & Zempel, 2006). Als Minimalstandard kann gelten, dass die Anzeige Informationen über die ausgeschriebene Position und deren Aufgaben, das Unternehmen, die gewünschten Qualifikationen und ggf. weitere KSAOs, den Arbeitsort und ggf. weitere Arbeitsbedingungen (Arbeitszeit, Entgelt, Arbeitsklima) sowie Bewerbungszeitraum, gewünschten Arbeitsbeginn, Anschrift und Art der Bewerbungsunterlagen enthalten sollte. Zur Wirkung der inhaltlichen und visuellen Gestaltung ist empirisch überraschend wenig bekannt (Moser & Zempel, 2006); es dürften jedoch viele Gestaltungsempfehlungen aus der allgemeinen Werbewirkungsforschung auf Stellenanzeigen übertragbar sein.

Direktansprache. Den Gegenpol zur Publikation von Anzeigen mit breiter Streuung bildet die persönliche *Direktansprache*, die v.a. für hoch qualifizierte Fachkräfte und Führungspositionen verbreitet ist und dort wahlweise auch martialisch als „head hunting" oder euphemistisch als „executive search" bezeichnet wird. Gemeint ist die gezielte Identifikation, Ansprache und schließlich auch Abwerbung geeigneter und wechselwilliger Kandidaten durch Beratungsfirmen oft bei direkten Wettbewerbern des rekrutierenden Unternehmens. Dass dieses Geschäft auf Diskretion beruht, versteht sich von selbst, trägt aber wohl auch dazu bei, dass zur Bewährung der Methode kaum wissenschaftliche Evidenz vorliegt. Clark (1993) fand in einer europäischen Untersuchung, dass einschlägige Beratungsfirmen bei der Diagnostik der Kandidaten überwiegend auf Methoden mit geringer bis fehlender Validität setzen (vgl. Kap. 3). Dies ist im Verhältnis zu den Kosten zu betrachten, die bei Catano et al. (2005) im Mittel auf knapp die Hälfte eines Jahresgehalts pro erfolgreicher Stellenbesetzung geschätzt werden.

E-recruitment. Zunehmende Bedeutung im Personalmarketing hat das Internet (dann auch *e-recruitment* genannt) als Medium für Stellenanzeigen, zur Selbstdarstellung und Imagewerbung des Unternehmens gegenüber potenziellen Bewerbern, aber insbesondere auch durch die Verbreitung von *Online-Jobbörsen* (auch für den Stellenmarkt der Arbeitsagenturen ist dies inzwischen das wohl wichtigste Medium). Das Internet bietet gegenüber anderen Medien Vorteile vor allem durch die kaum zu überbietende Schnelligkeit der Kommunikation, die unbegrenzte zeitliche und räumliche Erreichbarkeit und die potenzielle Reichhaltigkeit der Gestaltung (Multimediafähigkeit). Unter den am meisten diskutierten Nachteilen dürfte die mangelnde Erreichbarkeit mancher Gruppen stark rückläufige, die Datensicherheit dagegen bleibende Bedeutung haben (vgl. Moser & Zempel, 2004), neuerdings auch im Zusammenhang mit den personalpsychologisch noch kaum untersuchten sozialen Netzwerken. Ein bei weitem noch nicht vollständig genutztes Potenzial liegt dagegen in der möglichen Verbindung mit Online-Instrumenten der Personalauswahl oder zumindest Vorauswahl (screening), was aber noch erheblich an Problemen bspw. der Identifizierbarkeit von Bewerbern krankt.

Realistische Tätigkeitsvorausschau. Schließlich sei hier mit der *Realistic Job Preview* (‚RJP; Wanous, 1980) noch eines von inzwischen mehreren verfügbaren Kommunikationsinstrumenten angesprochen, bei denen es nicht vordergründig um die Attraktion von Bewerbern geht, sondern darum, unrealistische Erwartungen zu korrigieren und dadurch Selbstselektion und Zufriedenheit zu fördern und letztlich die Fluktuation zu reduzieren (s. Catano et al., 2005). Statt zukünftige Aufgabe und Organisation in rosigen Farben auszumalen, soll Bewerbern in RJPs ein ausgewogenes und umfassendes Bild vermittelt werden, das auch problematische Aspekte (z.B. ungünstige Arbeitszeiten, mangelnde Aufstiegsmöglichkeiten) nicht verschweigt. RJPs können im Vorfeld einer Bewerbung durch Informationsmaterial vermittelt werden oder auch erst während oder nach dem Vorstellungsgespräch. Die unmittelbar einleuchtende Idee der RJP hat inzwischen recht umfangreiche Evaluationen nach sich gezogen. In einer Metaanalyse von 40 Studien (Phillips, 1998) zeigten RJPs keinen Einfluss auf Zufriedenheit und andere Einstellungen, wirkten sich aber in geringem Ausmaß positiv auf Leistung und (besonders bei verbaler Vermittlung) verminderte Fluktuation aus. Die Befürchtung, dass RJPs Bewerber vor Stellenantritt abschrecken, konnte widerlegt werden. Insgesamt scheinen RJPs selbst ein Instrument zu sein, an das man keine zu hoch gesteckten Erwartungen richten sollte, dessen moderat positive Wirkung aber auch nicht durch negative Folgen erkauft werden muss.

2.3 Organisationswahl

Spiegelbildlich zu den Marketingbemühungen der Organisation müssen Bewerber im Rekrutierungsprozess eine Reihe von Wahlentscheidungen treffen: am Arbeitsmarkt teilzunehmen, bestimmte Informationsquellen über freie Stellen zu nutzen, sich bei einer bestimmten Organisation auf eine bestimmte Stelle zu bewerben, diese Bewerbung aufrecht zu erhalten, ggf. die Einladung zum Vorstellungstermin und ein Stellenangebot anzunehmen und die Stelle schließlich tatsächlich anzutreten. Über diese unter dem Stichwort Organisationswahl zusammengefassten Entscheidungsprozesse liegen relativ wenige und teils widersprüchliche Befunde vor (im Überblick Moser & Zempel, 2004). Zur Erklärung dieser Prozesse kommen grundsätzlich motivations- und entscheidungstheoretische Ansätze in Frage, in denen unterschiedliche Grade der Rationalität und Nutzung von Informationen unterstellt werden, sowie Theorien der Eindrucksbildung, bei denen es um die

2.3 Organisationswahl

kognitive Verarbeitung von Informationen geht (s. dazu auch Weinert, 2004). Die folgende Darstellung beschränkt sich weitgehend auf die Diskussion einiger empirischer Befunde zu Merkmalen von Organisation und Arbeitsplatz, die für die Bewertung der Attraktivität durch Bewerber bedeutsam sein können, wobei die Rolle des Auswahlverfahrens erst in Kap. 3 besprochen wird.

In der einschlägigen Forschung wird das *Organisationsimage* bzw. die Reputation als Arbeitgeber eher als Sammelbegriff für Merkmale benutzt, die den Eindruck der Bewerber von der Organisation beeinflussen können. Für diese Beurteilung spielen u.a. allgemeine Unternehmensmerkmale wie Branche, Standort, Größe, Bekanntheit oder auch etwa das soziale oder ökologische Engagement eine Rolle (vgl. Moser & Zempel, 2004, 2006). Aus Organisationssicht ist es für die gezielte Kommunikation wichtig, zutreffend einzuschätzen, welche Faktoren hier letztlich entscheidend sind. Befragungen in verschiedenen Ländern zeigen übereinstimmend, dass Manager dabei die Bedeutung „harter" Kriterien (insbes. Aufstiegsmöglichkeiten) deutlich überschätzen, während sie die Rolle „weicher" Faktoren (z.B. Betriebsklima) für Bewerber unterschätzen (vgl. Moser & Zempel, 2004). Mglw. neigen die befragten Manager dabei zur Übergeneralisierung ihrer eigenen Maßstäbe. Unter den einzelnen Arbeitsplatzmerkmalen wurde besonders der Faktor Bezahlung häufig untersucht, wobei die Befunde zum Zusammenhang zwischen Entgelthöhe und Bewerbungsverhalten widersprüchlich sind und sich u.a. gezeigt hat, dass sich Bezahlung und andere Arbeitsplatzmerkmale (z.B. Arbeitsplatzsicherheit) teils wechselseitig kompensieren (vgl. Moser & Zempel, 2004).

In einer umfangreichen Metaanalyse fassten Chapman, Uggerslev, Carroll, Piasentin und Jones (2005) die Forschungsergebnisse zu Korrelaten der Organisationswahl zusammen. Ihre Ergebnisse bestätigen insgesamt ein Mediatormodell, wobei der Einfluss einzelner Merkmale auf die Entscheidung über die Annahme eines Stellenangebots teilweise durch die Einstellung zur Organisation und Verhaltensabsichten vermittelt wird. Vorwiegend über Einstellungen (Attraktivität von Organisation und Stelle) vermittelt wirkten sich der wahrgenommene Fit, die Wahrnehmung der mit der Rekrutierung betrauten Organisationsvertreter und die Einschätzung der eigenen Bewerbungschancen aus. Dagegen beeinflussten Merkmale von Arbeitsplatz (z.B. Bezahlung) und Organisation (z.B. Image) sowie des Rekrutierungsprozesses (z.B. Schnelligkeit, wahrgenommene Gerechtigkeit) die eigentliche Wahlentscheidung vermittelt über die Bildung von Verhaltensabsichten. Keinen nennenswerten Einfluss hatten demografische Merkmale der Personalverantwortlichen und die Einschätzung alternativer Angebote. Allerdings wurde ein erheblicher Teil der Studien mit Studierenden im Labor durchgeführt. Moderatoranalysen zeigen u.a., dass echte Bewerber demgegenüber Merkmale der Organisation und die prozedurale Gerechtigkeit stärker gewichteten.

Weitere methodische Probleme in diesem Forschungszweig liegen darin begründet, dass der Großteil der Studien auf einfachen Befragungen beruht. Dies führt erstens dazu, dass zur Beurteilung Merkmalslisten vorgegeben werden, deren Auswahl auf Einschätzungen der Relevanz durch die Forscherin im Vorfeld beruht. Diese Vorauswahl ist nicht unbedingt repräsentativ für die tatsächlichen Prädiktoren der Organisationswahl, die Zusammenstellung kann zu künstlichen Wechselwirkungen führen und die Merkmale werden in verschiedenen Studien oft unterschiedlich operationalisiert (vgl. Moser & Zempel, 2004). Ferner unterliegen solche Befragungsstudien potenziell Effekten sozialer Erwünschtheit, insbesondere wenn sozial anerkannte Auswahlkriterien (interessante Tätigkeit) mit weniger hoch angesehenen Faktoren (Bezahlung) in eine Rangreihe gebracht werden sollen. Eine Möglichkeit, mit diesem Problem umzugehen, ist die Methode des *policy capturing*. Dabei werden den Befragten keine Merkmalslisten vorgelegt, sondern Arbeitsplätze, die durch eine bestimmte Merkmalskombination beschrieben werden, sollen ganzheitlich beurteilt werden. Die Ausprägungen der Merkmale werden dabei in einem experimentellen Design systematisch so variiert, dass sich deren Bedeutung im Nachhinein statistisch ermitteln lässt. Zu den Befunden aus Studien, die sich dieser Methode bedienten, gehört z.B., dass die Arbeitsplatzsicherheit als wesentlich bedeutsamer eingeschätzt wurde als bei direkter Befragung oder dass sich Bewerbergruppen mit ganz unterschiedlichen Entscheidungsstrategien und -kriterien identifizieren lassen (vgl. dazu sowie zu Kritikpunkten an der Methode des policy capturing Moser & Zempel, 2004).

📖 *Weiterführende Literaturempfehlungen*

Catano, V. M., Wiesner, W. H., Hackett, R. D., & Methot, L. L. (2005). *Recruitment and selection in Canada* (3rd ed.). Toronto: Thomson-Nelson. (insbes. ch. 6).

Moser, K., & Zempel, J. (2004). Personalmarketing. In H. Schuler (Hrsg.) *Organisationspsychologie – Grundlagen und Personalpsychologie. Enzyklopädie der Psychologie. D/III/3* (S. 389-438). Göttingen: Hogrefe.

Nerdinger, F., Blickle, G. & Schaper, N. (2008). *Arbeits- und Organisationspsychologie*. Heidelberg: Springer. (insbes. Kap. 6 und 16).

3 Berufseignungsdiagnostik und Personalauswahl

*When you hire people that are smarter than you are,
you prove you are smarter than they are.*

R. H. Grant

Wenn durch Maßnahmen des Personalmarketing ein Bewerberpool rekrutiert wurde, sind aus Sicht der Organisation die nächsten wesentlichen Schritte, aus diesen Bewerbern die am besten geeigneten zu identifizieren und auszuwählen. Diese Aufgabe ist vielleicht mehr als jede andere im HR-Management genuin psychologischer Natur, wobei der Schwerpunkt auf der (Berufseignungs-) Diagnostik liegt. Eignung definiert sich dabei v.a. durch den Zusammenhang diagnostischer Aussagen mit beruflichem Verhalten und Erleben, aus Organisationssicht an erster Stelle mit beruflicher Leistung. Die wichtigsten Grundlagen wissenschaftlich begründeter Personalauswahl sind deshalb ein vertieftes Verständnis der Struktur und Dynamik des *Leistungskonstrukts* (Kap. 4), die Ableitung der eignungsrelevanten Merkmale (KSAOs) in der *Anforderungsanalyse* (Kap. 1) sowie die empirische Evaluation des Zusammenhangs zwischen KSAOs und Leistung im Rahmen der *Validierung*, womit sich der erste Abschnitt dieses Kapitels beschäftigt. Im anschließenden Abschnitt wird ein Überblick über einzelne eignungsdiagnostische Instrumente und Befunde zu deren Validität gegeben. Verschiedene Nutzenmodelle und Strategien, auf die sich die an die Diagnostik anknüpfenden Entscheidungen über Personalauswahl und -platzierung gründen können, sind Gegenstand des nachfolgenden Abschnitts. Zum Abschluss des Kapitels werden Eignungsdiagnostik und Personalauswahl aus der Perspektive der Bewerber betrachtet, wobei hier neben deren Rechten besonders auch die Rolle der Akzeptanz von Auswahlverfahren für die Entscheidung über Annahme oder Ablehnung eines Stellenangebots (Selektion durch Bewerber) zu beachten ist, sowie die zur Erlangung eines solchen Angebots eingesetzten Mittel der Selbstdarstellung (Attraktion durch Bewerber; vgl. Abschn. 2.1.1).

3.1 Validität und Validitätsgeneralisierung in der Eignungsdiagnostik

Der wesentliche Zweck der Berufseignungsdiagnostik ist die Prognose berufsrelevanten Verhaltens. Im Mittelpunkt der Beurteilung eignungsdiagnostischer Verfahren steht deshalb der Nachweis der Tauglichkeit für diesen Zweck, was weitgehend gleichbedeutend mit dem psychometrischen Gütekriterium der Validität bzw. deren Feststellung, der Validierung, ist. In ihren Richtlinien („Principles") beschreibt die amerikanische *Society for Industrial and Organizational Psychology* (SIOP) den zentralen Stellenwert der Validierung wie folgt:

> "The essential principle in the evaluation of any selection procedure is that evidence be accumulated to support an inference of job relatedness. Selection procedures are demonstrated to be job related when evidence supports the accuracy of inferences made from scores on, [...], those procedures with regard to some important aspect of work behavior (e.g., quality or quantity of job performance, performance in training, advancement, tenure, termination, or other organizationally pertinent behavior)." (SIOP, 2003, p.4)

Auf welche Weise lassen sich nun im Rahmen der Eignungsdiagnostik Schlussfolgerungen auf berufsrelevantes Verhalten ziehen und wie kann man diese prüfen? Die dafür zur Verfügung stehenden Möglichkeiten lassen sich als Richtschnur sowohl für die Entwicklung und Unterscheidung eignungsdiagnostischer Instrumente als auch für deren Evaluation heranziehen. Eine konzeptionelle Analyse der Validität in der Personalauswahl stammt von Binning und Barrett (1989). Eine vereinfachte Darstellung in Anlehnung an deren Modell ist in Abb. 3.1 wiedergegeben und wird unten näher diskutiert.

3.1 Validität und Validitätsgeneralisierung in der Eignungsdiagnostik 47

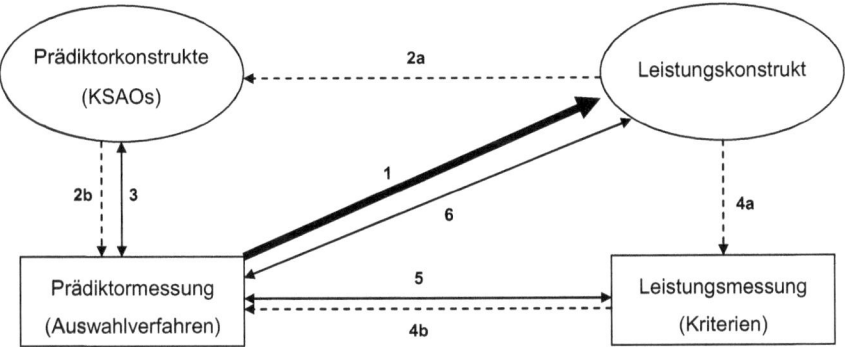

Abbildung 3.1: Rahmenmodell der eignungsdiagnostischen Validierung (angelehnt an Binning & Barrett, 1989)

In dem Modell werden Bereiche mess- bzw. beobachtbarer Variablen in Kästchen und nicht direkt beobachtbare Konstrukte als Ellipsen dargestellt. Ferner wird unterschieden zwischen dem Leistungsbereich auf der rechten und dessen Prädiktoren auf der linken Seite. Das Interesse gilt eigentlich der Validität der Schlüsse von den Messwerten im Auswahlverfahren auf die tatsächliche Leistung (fett gedruckter Pfad 1). Diese Beziehung wird auch als *operationale Validität* bezeichnet und soll nach Möglichkeit maximiert werden, lässt sich jedoch aufgrund des Konstruktcharakters der Leistung nicht direkt abschätzen. Im Rahmen der Verfahrenskonstruktion kann nun auf zwei grundsätzlich unterschiedlichen Wegen versucht werden, möglichst operational hoch valide Instrumente zu entwickeln bzw. auszuwählen (in Abb. 3.1 die gestrichelten Pfade). Ein Weg führt über die anforderungsanalytische Ableitung von KSAOs bzw. Kompetenzen (Pfad 2a), die dann in vorhandene oder neu entwickelte Messinstrumente (z.B. Tests) umgesetzt werden (Pfad 2b). Dies ist das Prinzip der konstruktorientierten Eignungsdiagnostik (Abschn. 3.2.1). Folgt man einer klassischen Unterscheidung dreier Validitätsfacetten geht es bei der empirischen Validierung hier oft um die Evidenz zur *Konstruktvalidität* im Sinne der Übereinstimmung zwischen Konstrukt- und Messbereich der Prädiktoren (Pfad 3). Ein alternativer Weg zur Konstruktion von Auswahlverfahren ist die Ableitung messbarer Verhaltensindikatoren für Berufsleistung (Pfad 4a) und deren direkte Umsetzung in die

Simulation entsprechenden Verhaltens im Auswahlverfahren (Pfad 4b). Auf diese Weise werden Verfahren der simulationsorientierten Eignungsdiagnostik (Abschn. 3.2.2) konstruiert, wofür meist spezifische Neuentwicklungen nötig sind. Die anforderungsanalytische Fundierung (z.B. mittels CIT) stellt dabei gleichzeitig eine Maßnahme zur Sicherung der *Inhaltsvalidität* dar, d.h. der Übereinstimmung zwischen simuliertem und realem Berufsverhalten. Die empirische Prüfung des Zusammenhangs zwischen gemessenen Prädiktoren und gemessenen Leistungskriterien (Pfad 5) ist die in der Eignungsdiagnostik dominierende Form der *kriterienbezogenen Validierung*. Bei einer weiteren Klasse von Auswahlverfahren, der biografieorientierten Eignungsdiagnostik, steht diese Validitätsfacette zwar häufig besonders im Vordergrund (Abschn. 3.2.3); sie stellt jedoch ein zentrales Kriterium zur Beurteilung *sämtlicher* Auswahlinstrumente dar. Quantifiziert wird sie i.d.R. als Korrelation zwischen einem Prädiktor- und Kriterienwert (bei mehreren Prädiktoren auch als multiple Korrelation). Dieses Maß stellt i.d.R. die beste direkt beobachtbare Annäherung an die operationale Validität dar (Pfad 1) dar, weshalb es für die Evaluation eignungsdiagnostischer Instrumente von überragender Bedeutung ist.

Trotzdem leiden kriterienbezogene Validierungsstudien gerade in diesem Kontext unter einer Reihe spezifischer Probleme (vgl. Hunter & Schmidt, 2004). Erstens sind die zur Verfügung stehenden Bewerberstichproben in einzelnen Organisationen häufig viel zu klein, um die kriterienbezogene Validität verlässlich schätzen zu können, was zu Zufallsschwankungen um den tatsächlichen Wert der Validität führt. Dagegen tragen zwei andere Faktoren zu deren systematischer Unterschätzung bei. Wenn bei einer Stichprobe von Bewerbern bspw. ein Test eingesetzt wird, liegen zwar für alle Bewerber Prädiktordaten (Testwerte) vor, aber nur für die Ausgewählten können später auch Kriteriendaten (Leistungswerte) erhoben werden. Wenn der Test aber zur Auswahl verwendet wurde hat keiner der ausgewählten Kandidaten einen Testwert unterhalb des für die Auswahl herangezogenen Schwellenwerts (cut-off). Dadurch ist der Messbereich (die Varianz) des Prädiktors künstlich eingeschränkt und dessen Validität wird entsprechend unterschätzt (s. zur Illustration z.B. Höft, 2006). Dies ist ein spezifisches Problem der *prognostischen Validierung* in Auswahlsituationen. Varianzeinschränkung lässt sich korrigieren durch Anwendung statistischer Korrekturfaktoren, durch den Verzicht auf Einbezug der Testergebnisse in die Auswahlentscheidung bis zur Feststellung der Validität (was häufig unpraktikabel ist) oder Ersatz der prognostischen durch die *konkurrente Validierung*, d.h. die gleichzeitige Erhebung von Prädiktor und Kriterium bei vorhandenen Mitarbeitern. Letzteres ist zwar oft praktikabel, verändert aber den Erhebungskontext von der folgenreichen Auswahl- zur folgenlosen Forschungssituation, mit schwer absehbaren Auswirkungen auf die ermittelte Validität (für manche Auswahlverfahren zeigte sich aber empirisch keine systematische Überschätzung bei konkurrenter Validierung; z.B. Ones, Visweswaran & Schmidt, 1993). Ferner wird die operationale Validität systematisch unterschätzt, weil die Messung des Leistungskonstrukts (Pfad 4a), wie alle Konstruktmessungen in der Psychologie, nicht mit perfekter Reliabilität möglich ist. Dies lässt sich jedoch relativ leicht statistisch korrigieren (zu dieser sog. Attenuationskorrektur s. Hunter & Schmidt, 2004).

Eine Möglichkeit, die gerade beschriebenen Probleme der kriterienbezogenen Validierung in Einzelstudien zu umgehen, liegt in der Anwendung der metaanalytischen Methode der *Validitätsgeneralisierung* (Hunter & Schmidt, 2004; s.a. Marcus, 2011). Dabei werden alle vorliegenden Studien zur Validierung einer bestimmten Art von Auswahlinstrumenten (z.B. Intelligenztests, Interviews) quantitativ zusammengefasst. Dadurch lässt sich die (aggregierte) Stichprobengröße oft so weit erhöhen, dass der Stichprobenfehler praktisch keine Rolle mehr spielt. Ferner lassen sich in der Validitätsgeneralisierung Varianzeinschränkung, Attenuation (Ausdünnung) durch mangelnde Reliabilität und mglw. andere Artefakte so weit korrigieren, dass eine Schätzung der tatsächlichen operationalen Validität entsteht (Pfad 6 in Abb 3.1; bezeichnet durch den Kennwert ρ). Schließlich ist es oft möglich festzustellen, in welchem Ausmaß die so gefundene Validität sich über verschiedene Situationsmerkmale (z.B. Berufsgruppen, Varianten des untersuchten Auswahlinstruments, des Untersuchungsdesigns etc.) hinweg verallgemeinern lässt. Bei günstigem Ausgang kann dies zu einer weiteren Strategie der Ableitung von Auswahlinstrumenten führen, die ganz ohne aufwändige Anforderungsanalyse auskommt. Hier werden Verfahren ausgewählt, die sich in vergleichbaren Situationen als valide erwiesen haben. Obwohl dabei auf die spezifischen Merkmale der Organisation oder der Stelle nicht mehr eingegangen werden kann, hat sich in zahlreichen Fällen ein erhebliches Maß an Übertragbarkeit auf verschiedene Auswahlsituationen gezeigt, weshalb unten für die Evaluation der dargestellten Auswahlinstrumente wesentlich auf die Ergebnisse solcher Metaanalysen zurückgegriffen wird.

3.2 Eignungsdiagnostische Instrumente

Gemäß den oben beschriebenen Vorgehensweisen bei der Ableitung der Inhalte lassen sich drei Klassen eignungsdiagnostischer Verfahren unterscheiden. Die Unterscheidung zwischen konstruktorientierten („signs", i.S.v. psychologischen Anzeichen für Leistungsunterschiede) und simulationsorientierten („samples", d.h. Verhaltensstichproben) Verfahren geht auf Wernimont und Campbell (1968) zurück. Als dritte Kategorie haben Schuler und Marcus (2006) die Unterscheidung eines biografieorientierten Ansatzes vorgeschlagen, dem sich einige wichtige Verfahren besser zuordnen lassen. Zwischen den Kategorien kommen jedoch auch oft Mischformen und fließende Übergänge vor. Auf Besonderheiten der einzelnen Zugänge wird noch in den folgenden Unterabschnitten eingegangen. In Tabelle 3.1 sind ausgewählte Instrumente im Überblick den drei Kategorien zugeordnet. Darin wird ferner berücksichtigt, dass sich innerhalb des Auswahlprozesses nach der Rekrutierung zumindest zwei weitere Hauptphasen unterscheiden lassen, in denen typischerweise unterschiedliche Instrumente zum Einsatz kommen. In der Vorauswahl (*screening*) geht es um die Reduzierung des oft sehr großen Bewerberpools auf einen engeren Kreis hoffnungsvoller Kandidatinnen, die dann zum eigentlichen Auswahlverfahren (*selection*) eingeladen werden.

3.2 Eignungsdiagnostische Instrumente

Tabelle 3.1: Ausgewählte eignungsdiagnostische Verfahren im Überblick

Verfahrenstyp *Auswahlphase*	Konstrukt- orientiert (signs)	Simulationsorien- tiert (samples)	Biografieorientiert (history)
Vorauswahl *(screening)*	• Internet-Tests • (Grafologie)	• Internet- Simulationen	• Bewerbungsunter- lagen (überwiegend) • Personalfrage- bogen • Referenzen
Auswahl *(selection)*	• Kognitive Fähigkeitstests • Sonstige Leistungstests • Allgemeine und spezifische Persönlichkeits- tests • Kriterien- bezogene Persönlichkeits- tests (COPS) • Interessentests	• Arbeitsproben • Computer- gestützte Szenarios • Assessment Center • Situational Judgment Tests • Situatives Inter- view	• Biografische Fragebogen • Unstrukturierte Interviews (überwiegend) • Patterned Behavior Description Inter- view

3.2.1 Konstruktorientierte Verfahren

Konstruktorientierte Verfahren erfassen im Regelfall stabile Dispositionen in Form von Fähigkeiten, Persönlichkeitsmerkmalen, Einstellungen, Interessen etc.. Es geht also um das A und das O innerhalb des Akronyms KSAO. Obwohl z.B. auch in Interviews und anderen Verfahren implizit oder explizit versucht wird, auf solche Merkmale zu schließen, handelt es sich bei wissenschaftlich fundierten konstruktorientierten Diagnostika i.d.R. um psychometrische Tests. Zwar gibt es auch *Fachkenntnistests* (für die Dye, Reck & McDaniel, 1993, hohe Validität berichten), meist werden Wissen (K) und Fertigkeiten (S) aber durch biografische Hinweise oder Simulationen geprüft (s.u.). Die Art des Schließens ist beim konstruktorientierten Vorgehen indirekter Natur: die gemessenen Konstrukte aus den Bereichen A und O beeinflussen das Leistungsverhalten vorwiegend vermittelt über den Erwerb von Wissen und Fertigkeiten (s. Borman, White, Pulakos & Oppler, 1991, für empirische Evidenz zu dieser These). Im Folgenden werden vier Untergruppen psychometrischer Tests hinsichtlich ihrer eignungsdiagnostischen Anwendung diskutiert (s. Hülsheger & Maier, 2008, für einen aktuellen Literaturüberblick zum Thema; Interessentests sind eher für die Berufsberatung relevant).

Kognitive Fähigkeitstests. Intelligenztests zählen zu den ältesten und am besten untersuchten eignungsdiagnostischen Verfahren. Für die Personalauswahl lassen sich sowohl Tests *allgemeiner Intelligenz* (g oder auch general mental ability, GMA) als auch spezifischer kognitiver Fähigkeiten einsetzen. Da mehrdimensionale Intelligenzinventare oft sehr zeitaufwändig sind, wurden für die Personalauswahl auch Kurztests zur Messung von g entwickelt (in Nordamerika sehr verbreitet ist etwa der *Wonderlic Personnel Test*, WPT; Wonderlic, 1996). Ferner lassen sich die oben angesprochenen Fachkenntnistests als Verfahren zur Messung aus Intelligenz abgeleiteter Konstrukte auffassen, während Vertreter des tacit knowledge oder der „praktischen Intelligenz" (s. Kap. 1) ihre Konstrukte explizit von der „Testintelligenz" abgrenzen (vgl. Catano et al., 2005). Schließlich können neben Standardintelligenztests auch speziell für personalpsychologische Anwendungen konstruierte Verfahren eingesetzt werden, bei denen Intelligenztestaufgaben in einen beruflichen Kontext eingebunden werden (für ein Bsp. s. Schuler & Höft, 2006, S. 116f). Damit ändert sich nicht das gemessene Konstrukt oder das diagnostische Prinzip, die Aufgaben erhalten jedoch die Anmutung eines unmittelbaren Berufsbezugs, was die Akzeptanz verbessern helfen soll (s. Abschn. 3.4).

Seit Hunter und Hunter (1984) in einer frühen Metaanalyse für Intelligenztests mittlere, um Artefakte korrigierte Korrelationen mit Leistungskriterien um $\rho = .50$ berichteten, gilt Intelligenz als der valideste Einzelprädiktor beruflicher Leistung überhaupt. Obwohl sich die Intelligenz zwischen Angehörigen verschiedener Berufsgruppen im Mittel erheblich unterscheidet (vgl. Schuler & Höft, 2006), und obwohl in den Analysen von Hunter und Hunter die Validität mit steigender Komplexität der Tätigkeiten anstieg, zeigten sich doch in allen Berufsgruppen mindestens moderate Zusammenhänge mit der Leistung (zwischen $\rho = .27$ und .61). Generalisierbare Validität in ähnlicher Höhe konnte inzwischen u.a. auch speziell für Deutschland (Hülsheger, Maier & Stumpp, 2007) bestätigt werden. Die lange verbreitete Annahme, dass spezifische kognitive Fähigkeiten fast nichts über den Generalfaktor g hinaus zur Aufklärung von Leistungskriterien beitragen, wird durch neue Befunde zumindest relativiert (Lang, Kersting, Hülsheger & Lang, 2010). Relativierende Ergebnisse fanden sich auch für die insgesamt überragende Rolle der Intelligenz in der Eignungsdiagnostik. Cook (2009) fasst zehn spezifische Metaanalysen zusammen, wobei sich für einige Berufsgruppen (z.B. Polizisten) und Kriterien (z.B. objektiver Verkaufserfolg, Führungserfolg) nur mäßige Validität fand; zudem ist die Streuung von g in Bewerberstichproben für hoch qualifizierte Berufe (z.B. Ingenieure) bereits durch Vorselektion so stark eingeschränkt, dass sich keine hohe operationale Validität mehr erwarten lässt. Insgesamt überwiegen jedoch die Befunde, die für eine substanzielle und generalisierbare Validität von g sprechen, weshalb dieses Konstrukt oft auch als Referenz für die *inkrementelle Validität* anderer Verfahren herangezogen wird; d.h. andere Verfahren werden daran gemessen, was sie über g hinaus zur Validität beitragen (s. Abschn. 3.2.4).

Sonstige Fähigkeitstests. Nach der in Kap. 1 vorgestellten Taxonomie von Fleishman und Kollegen lassen sich neben kognitiven noch physische, psychomotorische und sensorische Fähigkeiten unterscheiden. In diese Kategorien fallen bspw. Tests der manuellen Geschicklichkeit, Fitness- oder Sehtests. Gerade bei Prüfungen der körperlichen oder sensorischen Leistungsfähigkeit werden oft Minimalstandards gesetzt, ohne dass eine mit steigender Fähigkeit linear ansteigende Leistung erwartet wird (z.B. Sehtest für Piloten). Anders als bei Intelligenz sind die Anforderungen an nichtkognitive Fähigkeiten i.d.R. berufs- bzw. stellenspezifisch und daher wenig generalisierbar. Sofern ein Beruf solche Anforderungen stellt, berichten Hunter und Hunter (1984) in der schon erwähnten Metaanalyse aber durchaus substantielle operationale Validitäten von ca. $\rho = .35$ bis .40.

Allgemeine und spezifische Persönlichkeitstests. Die Anwendung von Persönlichkeitsfragebogen für die Personalauswahl gehört, v.a. wegen der unterstellten Anfälligkeit für Selbstdarstellungstendenzen (s. dazu Abschn. 3.4), nach wie vor zu den am kontroversesten diskutierten Themen der Berufseignungsdiagnostik. Eingesetzt werden können hier zunächst mehrdimensionale *Persönlichkeitsinventare*, mit denen i.d.R eine umfassende Analyse der Persönlichkeitsstruktur intendiert ist. Diese können für die allgemeine Differenzialdiagnostik der Persönlichkeit konzipiert (z.B. *NEO-PI-R*, Ostendorf & Angleitner, 2004) oder speziell für die Berufseignungsdiagnostik entwickelt (z.B. das *Bochumer Inventar zur berufsbezogenen Persönlichkeitsbeschreibung*, BIP, Hossiep & Paschen, 2003) werden, wobei sich zumindest für die beiden genannten Inventare kein großer Validitätsunterschied gezeigt hat (Hülsheger, Specht & Spinath, 2006). Abzuraten ist dagegen vom Einsatz klinischer Persönlichkeitsinventare oder i.d.R. auch von den bei manchen Personalberatern sehr beliebten Verfahren zur Bildung von Persönlichkeitstypen in der Personalauswahl (vgl. Catano et al., 2005). Eine echte Alternative zur Anwendung umfassender Inventare stellen dagegen *spezifische Persönlichkeitstests* zur Messung einzelner, enger definierter Eigenschaften dar. Dies können einzelne Facetten bzw. Teilbereiche breiter Persönlichkeitsdimensionen sein (z.B. die Facette Zuverlässigkeit aus der Dimension Gewissenhaftigkeit) oder auch Merkmale, die sich in Persönlichkeitstaxonomien wie dem FFM nur schwer zuordnen lassen (z.B. Kontrollüberzeugung oder bestimmte Motive). Außerdem werden immer wieder neue Persönlichkeitskonstrukte „entdeckt", deren Neuigkeitswert jedoch zunächst mit Skepsis zu betrachten ist. Eine besonders schillernde Rolle spielt hier seit einigen Jahren das Konstrukt der *emotionalen Intelligenz*, womit ursprünglich die Fähigkeit zur Wahrnehmung und Regulation von Gefühlen bei sich und anderen gemeint ist (Salovey & Mayer, 1990). Zur Kritik Anlass gegeben hat insbesondere die vollmundige Popularisierung des Konstrukts durch den Journalisten Daniel Goleman als eine Art allumfassenden Wunderprädiktor, während empirische Befunde bestenfalls moderate Validität bestätigen (zusammenfassend Catano et al., 2005; Hülsheger & Maier, 2008).

Wie in Tabelle 3.2 dargestellt, sind empirische Zusammenhänge zwischen allgemeinen Persönlichkeitsmerkmalen (in der Regel operationalisiert durch oder nachträglich bezogen auf das FFM) und dem Kriterium Berufsleistung überwiegend gering, bestenfalls moderat (für Gewissenhaftigkeit), dabei in zwei Fällen (Gewissenhaftigkeit und Emotionale Stabilität) jedoch generalisierbar. Etwas günstiger fallen die Resultate für einige spezifischere Leistungskriterien (Teamarbeit, Ausbildung, Führungseffektivität) und für die Arbeitszufriedenheit aus, die mit mehreren der fünf Faktoren moderat korrelieren. Obwohl verschiedene Argumente dafür sprechen, dass diese Koeffizienten ein sehr konservatives Bild vom Wert der Persönlichkeitsmessung zeichnen (s. Hülsheger & Maier, 2008), sind dies insgesamt nur mäßig eindrucksvolle Ergebnisse. Interessant ist jedoch, dass sich in vielen Untersuchungen höhere Koeffizienten für spezifischere Merkmale nach-

3.2 Eignungsdiagnostische Instrumente

weisen ließen. Metaanalytisch fanden z.B. Judge, Bono, Ilies und Gerhardt (2002) für Extraversions- und Gewissenhaftigkeitsfacetten Zusammenhänge über ρ = .30 mit dem Führungserfolg (vgl. Tab. 3.2 für die entsprechenden Dimensionen). Dudley, Orvis, Lebiecki und Cortina (2006) konnten für einige Facetten von Gewissenhaftigkeit inkrementelle Validität jenseits des Dimensionswertes nachweisen. Diese Befunde könnten auf ein Phänomen zurückzuführen sein, das nicht nur Persönlichkeitstests betrifft und deshalb in Exkurs 3.1 näher beleuchtet wird.

Tabelle 3.2: Ausgewählte metaanalytische Zusammenhänge zwischen Dimensionen des Fünf-Faktoren-Modells der Persönlichkeit und beruflichen Kriterien

	Emotionale Stabilität	Extraversion	Offenheit f. Erfahrungen	Verträglichkeit	Gewissenhaftigkeit
Allgemeine Arbeitsleistung[1]	.13	.15	.07	.13	.27
Ausbildungsleistung[1]	.09	.28	.33	.14	.27
Teamarbeit[1]	.22	.16	.16	.34	.27
Kontraproduktives Verhalten (invertiert)[2]	.06	-.01	-.14	.20	.26
Führungseffektivität[3]	.22	.24	.24	.21	.16
Arbeitszufriedenheit[4]	.29	.25	.02	.17	.26

Anmerkung: 1 = Barrick, Mount & Judge (2001; Zusammenfassung mehrerer Metaanalysen); 2 = Salgado (2002); 3 = Judge, Bono, Ilies & Gerhardt (2002); 4 = Judge, Heller & Mount (2002)

Exkurs 3.1: Bandwidth-Fidelity-Dilemma und breite vs. enge Eigenschaften

Sollten in der Eignungsdiagnostik eher breit oder eng definierte Eigenschaften in der Personalauswahl erfasst werden? Dies war Gegenstand einiger Debatten in der Fachwelt (zusammenfassend z.B. Schuler & Höft, 2006). Diese Frage hängt eng mit dem Phänomen des *Bandwidth-Fidelity-*

Dilemma (sinngemäß: Bandbreiten-Genauigkeits-Problem) der Diagnostik zusammen. Im Kern geht es um die gleichzeitige Berücksichtigung von Anforderungen an die Bandbreite oder Komplexität der diagnostischen Information und deren Präzision oder auch genaue Kalibrierung auf einen spezifischen Ausschnitt eines Konstrukts. Das Dilemma besteht darin, dass breite Eigenschaften (z.B. die FFM-Dimensionen) zwar eine große Bandbreite des Verhaltens abdecken, was jedoch ohne zusätzlichen Aufwand auf Kosten der Tiefe oder eben Genauigkeit bei der Prädiktion spezifischen Verhaltens geht. Die höchste kriterienbezogene Validität ist aber dann zu erwarten, wenn sich Prädiktor und Kriterium in Breite und Tiefe möglichst genau entsprechen (*Symmetriehypothese*, Cronbach & Gleser, 1965). Ein Faktor wie Extraversion kann z.B. eine breite Palette extravertierter Verhaltensweisen vorhersagen, ist bei der Prognose spezifischen Verhaltens, wie etwa der Anzahl sozialer Aktivitäten, einer enger definierten Facette wie Soziabilität aber unterlegen. In der oben angesprochenen Debatte ging es nun darum, ob das FFM die ideale Grundlage für die Prädiktion beruflichen Verhaltens darstellt. Interessanterweise gibt es dabei zwei Extrempositionen, die beide *gegen* das FFM argumentieren. Ein Lager plädiert dabei für die Konzentration auf enger definierte Merkmale, da in den FFM-Dimensionen auch beruflich irrelevante Facetten mit erhoben werden. Andere Forscher vertreten dagegen die Ansicht, dass man einige der Big Five zu einer noch breiteren Megadimension zusammenfassen sollte, um damit (ähnlich wie beim Generalfaktor der Intelligenz) das breit definierte Kriterium allgemeine Berufsleistung optimal vorherzusagen. Beide Seiten können für ihre jeweilige Position empirische Befunde ins Feld führen, was deshalb nicht unbedingt paradox ist, weil es dafür nach der Symmetriehypothese wesentlich auf die Gestalt des Kriteriums ankommt. Für spezifisches Verhalten sollten sich demnach eng definierte Eigenschaften besser eignen, für sehr allgemein definierte Leistung dagegen entsprechend breite Prädiktoren.

Kriterienbezogene Persönlichkeitstests. Ein anderer Ansatz zur Lösung des in Exkurs 3.1 beschriebenen Dilemmas wird in einigen berufsbezogenen Persönlichkeitstests versucht, die von Ones und Viswesvaran (2001) als „criterion-focused occupational personality scales" (COPS) bezeichnet wurden. Das Prinzip entspricht dabei der externalen Skalenkonstruktion: Es werden ohne Rücksicht auf die (i.S.d. Konstruktvalidität) „saubere" Erfassung einzelner Persönlichkeitsmerkmale Prädiktoren allein aufgrund ihres Zusammenhangs mit einem bestimmten beruflichen Kriterium zusammengestellt. Auf diese Weise entstehen Skalen, die zwar—wie Persönlichkeitsdimensionen—sehr breit sind, jedoch im Sinne einer inhaltlich heterogenen Sammlung von Merkmalen, die zwar alle mit dem Kriterium, aber nicht unbedingt untereinander korrelieren (vgl. z.B. Marcus, 2007). Solche Merkmale werden auch als „compound traits" (kompositorische Eigenschaften) bezeichnet. Der am besten untersuchte compound trait firmiert unter dem Begriff „Integrität", was oft als ein homogenes Konstrukt missverstanden wird. In den entsprechenden Testverfahren (*Integrity Tests*) wird aber eine heterogene Sammlung von Eigenschaften oder auch Einstellungen erfasst, deren Gemeinsamkeit darin besteht, dass sie alle empirisch mit schädigendem (kontraproduktivem; s. Kap. 4) Verhalten zusammenhängen. Ein deutschsprachiger Integrity Test wurde mit dem *Inventar beruflicher Einstellungen und Selbsteinschätzungen* (IBES; Marcus, 2006) vorgelegt. Weitere Arten von COPS beschäftigen sich z.B. mit der Vorhersage der *Kundenorientierung* oder der *Belastbarkeit* (Ones & Viswesvaran, 2001). Für COPS wurden kriterienbezogene Validitäten berichtet, die die Werte für das FFM bei weitem übersteigen. In einer Metaanalyse mit über 600 Studien fanden Ones, Viswesvaran und Schmidt (1993) für Integrity Tests eine mittlere operationale Validität von ρ = .41 für das Kriterium allgemeine Berufsleistung, für kontraproduktives Verhalten je nach Verfahrenstyp zwischen ρ = .29 und .39 (für das IBES fanden sich ähnliche Werte; Marcus, 2007). Für Kundenorientierungsskalen berichten Ones und Viswesvaran (2001) Zusammenhänge von ρ = .34 mit dem beurteiltem Kundenservice und .39 mit allgemeiner Leistung. Bemerkenswert ist, dass COPS mindestens ebenso hoch mit allgemeiner Leistung zu korrelieren scheinen wie mit ihren eigentlichen Zielkriterien.

3.2.2 Simulationsorientierte Verfahren

Während Konstrukttests psychologische Verhaltensdispositionen erfassen, wird in simulationsorientierten Verfahren das berufliche Verhalten selbst im Rahmen der Personalauswahl unmittelbar simuliert. Dies hat die Vorzüge einer großen Ähnlichkeit von Prädiktor und Kriterium und eines auch für

Laien offensichtlichen Berufsbezugs. Allerdings weist der Anforderungsbezug auch kaum über den unmittelbaren Arbeitsplatz bzw. eng verwandte Tätigkeiten hinaus. Deshalb eignet sich das simulationsorientierte Vorgehen weniger gut bei stark veränderlichen Arbeitsaufgaben oder für die Prognose des individuellen Potenzials für spätere Laufbahnstationen. Bei ungeübten Bewerbern oder bei neuen Tätigkeiten sind Simulationen eigentlich nicht anwendbar, obwohl mit sog. *Trainierbarkeitstests* eine Variante der Simulation existiert, die zumindest für den Trainingserfolg valide Prognosen ermöglicht (vgl. einführend Höft & Funke, 2006; s. dort auch zu weiteren Unterschieden zu konstruktorientierten Verfahren). Im Folgenden werden vier der in Tab. 3.1 aufgeführten Varianten der Simulation diskutiert (zum Situativen Interview s. Abschn. 3.2.3).

Arbeitsproben. Die Arbeitsprobe (Engl. work sample test) ist der Prototyp der Simulation und zählt zu den historisch ältesten Ansätzen der Eignungsdiagnostik (vgl. Marcus, 2011). Die Tätigkeit wird i.d.R. arbeitsanalytisch untersucht (für bestimmte Berufe gibt es auch standardisierte Arbeitsproben) und einzelne Tätigkeitselemente in möglichst weitgehend standardisierter Form ausgeführt und bewertet. Der Begriff wird manchmal auf die Ausführung manueller Tätigkeiten beschränkt, obwohl bspw. auch die meisten Übungen im Assessment Center (s.u.) den Charakter von Arbeitsproben annehmen (vgl. Höft & Funke, 2006). Durch das Konstruktionsprinzip bedingt sind verschiedene Arbeitsproben inhaltlich extrem unterschiedlich; das Spektrum reicht z.B. von der Ausführung handwerklicher Aufgaben oder des Maschineschreibens bis hin zu Managementaufgaben oder dem Probevortrag für die Besetzung einer Hochschulprofessur. Die häufig zitierte sehr hohe operationale Validität von $\rho = .54$ (Hunter und Hunter, 1984) muss nach neueren Analysen deutlich nach unten korrigiert werden. Roth, Bobko und McFarland (2005) kamen auf der Grundlage von 54 Studien lediglich auf eine mittlere Validität von $\rho = .33$, was jedoch immer noch ein durchaus respektables Ergebnis ist. Allerdings verwendeten fast alle Studien ein konkurrentes Design, was deren Aussagekraft einschränkt.

Computergestützte Szenarios. Eine Simulation wesentlich komplexerer Aufgaben am PC wird in Szenarios versucht, die tatsächlich stark an moderne Computerspiele wie „SimCity" erinnern. Eignungsdiagnostische Szenarios (das Prinzip wird auch auf Trainings übertragen, s. Kap. 5) gehen auf die Theorie des komplexen Problemlösens zurück (Dörner, Kreuzig,

Reither & Stäudel, 1983). Grundgedanke ist, dass sich reale Probleme wie die Führung eines Unternehmens durch eine Reihe von Merkmalen auszeichnen, die sich in Intelligenzaufgaben nicht gut abbilden lassen (neben Komplexität auch Vernetztheit, Dynamik, Intransparenz und Polytelie, d.h. das gleichzeitige Verfolgen mehrerer Ziele). Leistungen beim Lösen komplexer Probleme sollen durch die Steuerleistung in entsprechend komplex gestalteten Szenarios simuliert werden, in denen mehrere Parameter vom Probanden beeinflusst werden können. Das System reagiert darauf durch sich dynamisch entwickelnde, einander wechselseitig beeinflussende Handlungsfolgen, die schwer vorhersehbar sind. Gütekriterien für die Anwendung von Szenarios in der Personalauswahl sind bislang nur in Ansätzen untersucht; dabei zeigen bislang zwar einzelne vielversprechende Validitätsbefunde, aber auch Probleme u.a. bei der Reliabilität und der Generalisierbarkeit (zusammenfassend Höft & Funke, 2006).

Situational Judgment Tests. Während es sich bei Arbeitsproben um Simulationen mit hoher Realitätstreue (high fidelity) handelt, repräsentieren Situational Judgment Tests (SJTs) den Gegenpol einer „low fidelity simulation". Formal sind SJTs schriftliche Tests mit standardisierter Antwortvorgabe im Forced-Choice-Format. Dabei werden im Itemstamm erfolgskritische berufliche Situationen beschrieben, die mittels CIT ermittelt werden sollten. Die Antwortmöglichkeiten beschreiben unterschiedlich erfolgversprechende Handlungsalternativen, deren Günstigkeit ebenfalls anforderungsanalytisch ermittelt werden kann (s. Catano et al., 2005, p.364, für ein Beispiel). In zwei unterschiedlichen Varianten des SJT werden Bewerberinnen gebeten entweder anzugeben, was sie persönlich in dieser Situation tun würden (would do), oder was nach ihrer Meinung das beste Verhalten in dieser Situation wäre (should do). Die erste Variante rückt SJTs konzeptionell näher zu Selbsteinschätzungen der Persönlichkeit, die zweite entspricht der Simulation von Handlungswissen und damit eher einem Leistungstest. In einer Metaanalyse fanden McDaniel, Hartman, Whetzel und Grubb (2007) für beide Varianten identische operationale Validität in moderater Höhe ($\rho = .26$), die allerdings generalisierbar war. Erwartungskonform korrelierte die „Would do"-Instruktion jedoch wesentlich höher mit mehreren Persönlichkeitsfaktoren, während die „Should do"-Variante deutlich enger mit Intelligenz zusammenhing. Dies zeigt, dass die beiden Instruktionen unterschiedliche Eignungsaspekte ansprechen.

Assessment Center. Das Assessment Center (AC) ist eines der aufwändigsten Verfahren in der Eignungsdiagnostik und sicher auch ein schillernder Begriff mit nicht immer klar umrissenem Gehalt. Kürzlich erarbeitete jedoch eine internationale Expertenkommission eine Richtlinie, die auch eine Art „offizielle" Definition enthält (International Task Force on Assessment Center Guidelines, 2009). Danach ist ein AC eine standardisierte Verhaltensbewertung, die auf multiplen Informationen beruht und sich trainierter Beobachter (Assessoren) und verschiedener Erhebungsverfahren bedient, die *überwiegend* Simulationscharakter haben (d.h. es können z.B. *auch* Tests eingesetzt werden). Die einzelnen Beurteilungen können per Konsensentscheid der Assessoren oder durch statistische Aggregation zusammengefasst werden und sollten den Teilnehmern zurückgemeldet und erläutert werden (ausführliches Feedback). Als essenziell sieht die Kommission ferner die anforderungsanalytische Fundierung und die Einordnung der Beobachtungen in Verhaltensdimensionen an. Zusammenfassend lässt sich das AC als ein diagnostisches Rahmenkonzept beschreiben, das neben der Verhaltensorientierung besonders durch das Prinzip der Multiplizität gekennzeichnet ist: Mehrere Beurteiler beobachten mehrere Kandidaten (typischerweise im Verhältnis 1:2; es gibt jedoch auch Einzel-ACs) in mehreren Übungen, um sie auf mehreren Dimensionen einzuschätzen. Außer für die Auswahl externer Bewerber können ACs auch für die interne Auswahl für Beförderungen oder für die Diagnose des Entwicklungspotentials (Entwicklungs-AC) eingesetzt werden. Aufgrund des hohen Aufwands konzentriert sich der Einsatz überwiegend auf Führungspositionen und andere hoch qualifizierte Stellen (s. zu all dem Höft & Funke, 2006).

Obwohl, wie erwähnt, auch Tests und andere simulationsferne Verfahren im Rahmen des AC eingesetzt werden können, existieren einige besonders AC-typische Instrumente, die den Charakter von Verhaltensbeobachtungen haben und im AC allgemein als Übungen bezeichnet werden (Höft & Funke, 2006). Dazu zählt bspw. die *Postkorbübung* (in-basket exercise), bei der administrative Tätigkeiten ohne Interaktion simuliert werden. In einem (simulierten) Postkorb finden sich verschiedene Aufgaben und Informationen, die hinsichtlich ihrer Priorität und Bedeutung eingeschätzt und abgearbeitet werden sollen, wobei ein Zeitlimit die vollständige Bearbeitung i.d.R. unmöglich macht. Bei *Präsentationen* werden die Teilnehmer aufgefordert, nach einer gewissen Vorbereitungszeit einen

3.2 Eignungsdiagnostische Instrumente

kurzen Vortrag zu einem bestimmten Thema zu halten. *Rollenspiele* simulieren im Rahmen des AC für den Teilnehmer meist kritische Situationen in der direkten Interaktion mit einem Kunden, Mitarbeiter oder Vorgesetzten, der durch einen trainierten Rollenspieler dargestellt werden sollte, um zwischen verschiedenen Teilnehmern vergleichbare Bedingungen zu schaffen. An *Gruppendiskussionen* nehmen dagegen verschiedene Bewerber gleichzeitig teil, wobei der Gruppe ein bestimmtes Problem vorgegeben wird und ein gemeinsamer Beschluss erreicht werden soll. Variationen entstehen durch die Modi der geführten oder ungeführten Diskussion und die mögliche Kombination mit dem Rollenspiel durch vorgegebene Rollenverteilung zwischen den Teilnehmer. Mit Ausnahme des Postkorbs sind die genannten Übungen zumindest in Westeuropa Bestandteil fast jeden ACs (Krause & Thornton, 2009). Weitere verbreitete Übungen sind z.B. Fallstudien oder Planspiele, die einzeln oder in der Gruppe durchgeführt werden können.

Mit den einzelnen Übungen sollen die (anforderungsanalytisch ermittelten) Verhaltensdimensionen geprüft und durch die Assessoren eingeschätzt werden. Dabei sollten zumindest alle Dimensionen mehrfach durch unterschiedliche (aber nicht jedes einzelne) Verfahren abgedeckt und jeder Kandidat von mehreren Assessoren beobachtet werden. Die Anforderungsdimensionen werden den Assessoren in einem *Anforderungsprofil* verbal beschrieben (für ein Bsp. s. Höft & Funke, 2006). Ferner sollten die Assessoren ein *Beobachtertraining* durchlaufen, wofür ähnliche Varianten zur Verfügung stehen wie für das Training der Leistungsbeurteilung (s. Kap. 4). Eine Zusammenstellung von Übungen und jeweils realisierten Urteilsdimensionen erfolgt in einer *Anforderungs-Verfahrens-Matrix*. Ein Beispiel dafür ist in Abb. 3.2 dargestellt. Inhaltlich und zahlenmäßig können die Dimensionen stark differieren. Allerdings haben Arthur, Day, McNelly und Edens (2003) mit einem inhaltsanalytischen Verfahren sieben übergeordnete Anforderungsdimensionen in der publizierten AC-Literatur identifiziert: (1) Kommunikation; (2) Rücksichtnahme auf Andere; (3) Antriebsstärke, (4) Einflussnahme auf Andere; (5) Organisation und Planung; (6) Problemlösen; (7) Belastbarkeit/ Unsicherheitstoleranz.

Anforderungen ↓ / Verfahren →	V1 Kurzpräsentation	V2 1. Gruppendiskussion	V3 Interview	V4 2. Gruppendiskussion	V5 1. Rollenspiel	V6 3. Gruppendiskussion	V7 Präsentation	V8 4. Gruppendiskussion	V9 2. Rollenspiel	V10 Postkorb	V11 Fallstudien
D1 Logisch-konzept. Denken & Handeln											
D2 Praktisch-variables Problemlösen											
D3 Initiative & Leistungsverhalten											
D4 Ausdrucksfähigkeit											
D5 Soziale Kompetenz											
D6 Führungsverhalten											

Abbildung 3.2: Beispiel einer Anforderungs-Verfahrens-Matrix im AC (nach Höft & Funke, 2006, S. 168; nur weiß unterlegte Kombinationen werden realisiert)

Das Gesamturteil kann dann durch *statistische Aggregation* erfolgen (z.B. durch Mittelung der Punktwerte der Einzelbeurteilungen) oder durch einen im Rahmen einer *Beobachterkonferenz* erzielten Konsens. Die Diskussion zu den Vor- und Nachteilen der beiden Methoden (vgl. Höft & Funke, 2006) lässt sich stark verkürzt so zusammenfassen, dass die statistische Urteilsbildung für Auswahlzecke Validitätsvorteile hat, besonders für Entwicklungs-ACs die Konferenz aber mglw. ein besser auf den Einzelfall zugeschnittenes Feedback ermöglicht.

Die operationale Validität des AC beträgt nach einer schon klassischen Metaanalyse im Mittel $\rho = .37$ (Gaugler, Rosenthal, Thornton & Bentson, 1987), was nach neueren Befunden eher noch leicht nach unten korrigiert werden muss (nach Hardison & Sackett, 2004, im Mittel auf $\rho = .30$). Angesichts des enormen Aufwands, der für ACs betrieben werden muss, ist diese Validität eher enttäuschend. Sie liegt nur geringfügig über derjenigen für einige AC-typische Einzelverfahren (vgl. Höft & Funke, 2006) und einzelne Dimensionen (Arthur et al., 2003) und erreicht nicht das Niveau der besten psychometrischen Tests (s.o.), die ungleich ökonomischer sind. Allerdings streuen die Befunde stark zwischen verschiedenen ACs, wobei die Suche nach Moderatorvariablen (d.h. die Frage danach, was ein besonders valides AC ausmacht) in den genannten Metaanalysen kaum eindeutige Befunde zutage gefördert hat. Ein weiteres psychometrisches Problem von ACs liegt auf der Seite der Konstruktvalidität. Sackett und Dreher (1982) fanden in einer seither vielfach replizierten Studie, dass innerhalb derselben Übung erhobene unterschiedliche Anforderungsdimensionen untereinander wesentlich höher korrelieren als dieselben Dimensionen, die in verschiedenen Übungen erfasst werden. Im Sinne der diskriminanten und konvergenten Aspekte der Konstruktvalidität ist dies das exakte Gegenteil des erhofften Korrelationsmusters. Statt zwischen verschiedenen Anforderungen valide zu unterscheiden, bilden Assessoren offenbar übungsspezifische Globalurteile. Die Kosten-Nutzen-Relation des AC bleibt also problematisch. Die Popularität der Methode dürfte aber auch damit zu tun haben, dass der betriebene Aufwand den Beteiligten sowohl die Bedeutung des Zwecks als auch die eigene Wichtigkeit kommuniziert.

3.2.3 Biografieorientierte Verfahren

Der biografische Ansatz beruht im Kern auf dem einfachen Schluss von vergangenem auf zukünftiges Verhalten (Schuler & Marcus, 2006). Dieser Gedanke liegt zwar auch Simulationen zugrunde, bei biografischen Methoden werden Tätigkeiten jedoch nicht direkt im Auswahlverfahren simuliert, sondern es werden Hinweise (auch relativ indirekter Natur) in der Vergangenheit gesucht, die auf zukünftiges Verhalten schließen lassen. Der biografische Ansatz liegt also eher zwischen den Extremen „sign" und „sample" als dass er einen konzeptionell eigenständigen Zugang zur Eignungsdiagnostik darstellt. Allerdings fallen einige der am weitesten verbreiteten Verfahren überhaupt in diese Kategorie.
    Bewerbungsunterlagen und Referenzen. Trotz der Möglichkeit, z.B. Tests auch online als kostengünstiges Instrument der Vorauswahl bereitzustellen, wird im ersten Auswahlschritt ganz überwiegend auf biografische Information zurückgegriffen. Zu den Bestandteilen der eingesandten Unterlagen gehören insbesondere der *Lebenslauf*, Schul- und Ausbildungs-

zeugnisse, aus denen die *Noten* ersichtlich sind, *Arbeitszeugnisse* aus früheren Beschäftigungen sowie ggf. Nachweise besonderer Leistungen (je nach Stelle z.B. Preise, Patente, Publikationen etc.). Es existiert eine reichhaltige Ratgeberliteratur dazu, wie Bewerbungsunterlagen gestaltet werden sollten und auch dazu, worauf Personalverantwortliche bei der Durchsicht achten sollten und worauf sie tatsächlich achten. Die wenigen wissenschaftlichen Untersuchungen dazu zeigen ein teils erstaunliches Maß an Urteilsdifferenzen selbst bei der Einschätzung von Elementen wie Arbeitszeugnissen, die per Konvention scheinbar relativ hoch standardisiert sind. Unter den einzelnen Elementen ist lediglich für Noten und für das aus den Unterlagen ersichtliche Ausmaß an Berufserfahrung brauchbare operationale Validität belegt (etwa im Bereich zwischen ρ = .20 und .30; im Überblick Schuler & Marcus, 2006). Allerdings dient der erste Auswahlschritt auch in erster Linie der Negativselektion (Wer kommt für die Stelle *nicht* in Frage?) und ist deshalb mit Auswahlverfahren, die der Positivselektion dienen (Wer ist die am besten geeignete Kandidatin?), nur bedingt vergleichbar. Insgesamt dürfte der Mangel an Standardisierung ein Hauptproblem der Vorselektion sein. In standardisierter Form können Angaben in *Personalfragebogen* erhoben werden, woraus sich der biografische Fragebogen entwickelt hat (s.u.). Unter dem Begriff *Referenzen* wird, im Gegensatz zum Arbeitszeugnis, das aktive Einholen von Information bzw. die Überprüfung von Angaben (reference checks) bei früheren Arbeitgebern verstanden, deren Validität aber auch als bestenfalls mäßig einzuschätzen ist (z.B. Moser & Rhyssen, 2001).

Biografische Fragebogen. Ein historischer Ursprung des biografischen Fragebogens liegt in der Idee, einzelne Fragen aus Personalfragebogen daraufhin zu untersuchen, ob sie mit beruflicher Leistung zusammenhängen, und die Items auf dieser Grundlage für Auswahlzwecke zu gewichten (s. Schuler & Marcus, 2006). Dies entspricht dem Vorgehen bei der externalen Skalenkonstruktion, beruht also auf einem rein methodischen Prinzip ohne inhaltliche Eingrenzung (allerdings enthalten Personalfragebogen ganz überwiegend biografische Information). Heute wird dagegen, ergänzt durch eine Reihe von Nebenkriterien, der Vergangenheitsbezug der Items als das definitorisch kennzeichnende Merkmal biografischer Fragebogen angesehen (Mael, 1991). Die Methode bezeichnet also standardisierte Fragebogen, deren Items auf Fakten, Ereignisse oder Verhalten in der Vergangenheit der Bewerber gerichtet sind. Die Itemauswahl erfolgt noch immer häufig nach dem

3.2 Eignungsdiagnostische Instrumente

externalen Prinzip. Es existieren jedoch auch rein theoriegeleitet (rational) konstruierte Fragebogen sowie Mischformen. Der Begriff biografischer Fragebogen wird außerdem manchmal auch für Verfahren verwendet, die inhaltlich kaum von Persönlichkeitstests zu unterscheiden sind. Zu biografischen Fragebogen wurden schon früh verschiedene Metaanalysen durchgeführt, deren Befunde zur operationalen Validität ungefähr um den Wert von ρ = .35 schwanken (zusammenfassend Bliesener, 1996, der selbst eine unkorrigierte Validität von r = .30 berichtet), also etwa im Bereich des AC liegen. Die verschiedenen Konstruktionsprinzipien unterscheiden sich hinsichtlich ihrer Validität kaum, die Validität steigt jedoch, vermutlich aufgrund der besseren Informationsbasis, u.a. mit dem Alter der Teilnehmer (s. zum Ganzen auch Schuler & Marcus, 2006).

Interviews. Das mündliche Auswahlgespräch ist, neben der Analyse der Bewerbungsunterlagen, wohl das am weitesten verbreitete Auswahlverfahren überhaupt. Obwohl die im Interview erhobenen Informationen häufig biografischer Natur sind, handelt es sich eigentlich nicht um eine genuin biografische Methode, sondern um ein Erhebungsverfahren, das mit fast jeder Art von Inhalten gefüllt werden kann. Tatsächlich gibt es auch Varianten, in denen auf die Persönlichkeit des Bewerbers geschlossen werden soll (manchmal als „psychologisches Interview" bezeichnet), und solche mit Simulationscharakter. Fast noch wichtiger ist die Unterscheidung nach dem Strukturierungsgrad. *Unstrukturierte* (freie) *Interviews* laufen in kaum geplanter oder allenfalls durch einen Leitfaden vorstrukturierter Form ab, wobei sich Inhalte und einzelne Fragen von Bewerber zu Bewerber stark unterscheiden können. Bei (hoch) strukturierten Interviews sind Ablauf und Fragen dagegen für alle Bewerber gleich und es existiert zusätzlich eine Vorgabe für die Einordnung und Bewertung möglicher Antworten. Deren wichtigste Varianten lassen sich entweder dem simulationsorientierten oder dem biografischen Ansatz zuordnen. Im *Situativen Interview* (Latham, Saari, Pursell & Campion, 1980) werden Kandidaten, ähnlich wie im SJT (s.o.), mit hypothetischen Situationen konfrontiert und nach ihren Verhaltensintentionen befragt. Situationen und Antwortbewertungen werden mittels der CIT generiert. Dies gilt auch für die biografische Variante, das *Patterned Behavior Description Interview* (PBDI, Janz, Hellervik & Gilmore, 1986), bei dem nicht nach hypothetischem, sondern nach realem Verhalten in der Vergangenheit gefragt wird. Der Strukturierungsgrad ist beim PBDI insofern etwas aufgelockert als hier nach einer für alle Kandidaten gleichen Einstiegsfrage unterschiedliche Nachfragemöglichkeiten zur gründlicheren Erkundung gegeben werden. Ein Nachteil des PBDI gegenüber dem Situativen Interview liegt darin, dass beim PBDI Berufserfahrung vorausgesetzt wird. In Bsp. 3.1 findet sich je eine Beispielfrage für beide Interviewtypen. Außerdem besteht die Möglichkeit, verschiedene Fragetypen zu kombinieren. Sehr umfassend ist dies im *Multimodalen Interview* (MMI, Schuler, 1992) realisiert, das aus insgesamt acht Phasen besteht, wobei sich freie und strukturierte Teile unterschiedlichen Inhalts abwechseln und auch eine realistische Tätigkeitsvorausschau (RJP, s. Abschn. 2.1) enthalten ist (s.a. Schuler & Marcus, 2006).

Beispiel 3.1: Beispiele strukturierter Interviewfragen

Beispielfrage aus einem Situativen Interview (verändert n. Schuler, 1996)
Die Leistung eines Ihrer Mitarbeiter hat nachgelassen. Im jährlichen Beurteilungsgespräch müssen Sie ihm mitteilen, dass seine Zulage diesmal geringer ausfällt als die der meisten Kollegen. Wie gehen Sie vor?
Bewertungschlüssel:
- Schwach (1 Punkt): keine weitere Erklärung *oder* Schuld auf höhere Vorgesetzte schieben
- Mittel (3 Punkte): Hinweis auf im Vergleich zur Gruppe schwache Leistung; Hinweis auf Möglichkeit zukünftiger Verbesserung
- Sehr gut (5 Punkte): ausführliche Erläuterung der Gründe; Versicherung der Wertschätzung; Gelegenheit zur Stellungnahme geben; gemeinsame Entwicklung von Verbesserungsmaßnahmen; konsensuelle Vereinbarung konkreter Ziele; Dokumentation der Vereinbarung

Beispielfrage aus dem PBDI (verändert n. Catano et al., 2005)
Wir alle erleben manchmal Situationen, in denen Andere unser Urteil anzweifeln. Beschreiben Sie eine Situation, in der Sie sich selbst über eine Entscheidung nicht sicher waren und jemand Ihren Entschluss offen kritisiert hat. Wie sind Sie damit umgegangen?
Nachfragen:
Über welchen Aspekt Ihrer Entscheidung waren Sie unsicher?
Hatte die Person, die Sie kritisierte, Informationen, die Ihnen nicht zur Verfügung standen?
War jemand Zeuge der Kritik?

3.2 Eignungsdiagnostische Instrumente

Welche möglichen Konsequenzen haben Sie bei Ihrer Reaktion auf die Kritik berücksichtigt?
Was war Ihre Entscheidung? Wie wirkte sie sich aus?
Bewertungschlüssel:
- Schwach (1 Punkt): Ich bestand ohne weitere Erklärung auf meiner Entscheidung.
- Mittel (3 Punkte): Ich änderte meine Meinung *oder* begann eine Diskussion in Anwesenheit Anderer.
- Sehr gut (5 Punkte): Ich dankte und nahm die Person mit der Bitte um ein diskretes Gespräch beiseite; fragte nach deren Vorschlägen; nahm mir Zeit, das Für und Wider der Argumente zu durchdenken; traf dann die Entscheidung mit der größten Erfolgswahrscheinlichkeit, ohne zu berücksichtigen, von wem der Vorschlag kam; machte aber deutlich, dass dies meine Entscheidung war.

Neben dem Auswahlzweck sollen Interviews auch einer Reihe anderer Zwecke dienen, insbesondere dem gegenseitigen Kennenlernen und dem Austausch von Informationen. Unabhängig von der Eignung für die Selektion, die in erster Linie von der operationalen Validität abhängt (s.u.), erfüllt das Interview damit aus Sicht der Organisation auch die Aufgabe der Attraktion und ist für diesen Zweck durch kaum ein anderes Auswahlinstrument vollwertig zu ersetzen. Dies ist bei der Einschätzung der Validität zu berücksichtigen, die nach der frühen Metaanalyse von Hunter und Hunter (1984) mit $\rho = .14$ ernüchternd niedrig liegt. Dieser Befund steht in deutlichem Kontrast zur Popularität des Interviews sowohl bei Bewerbern als auch Personalverantwortlichen (s. Abschn. 3.4). Er bezog sich allerdings auf das völlig freie, unstrukturierte Bewerbungsgespräch, bei dem eine Vielzahl von Urteilsfehlern und anderen methodischen Mängeln wirksam werden kann (im Überblick Catano et al., 2005). Unter den zahlreichen Vorschlägen zur Verbesserung der Validität von Interviews (s. Schuler & Marcus, 2006) haben sich besonders zwei als enorm wirksam erwiesen: der (methodisch fundierte) Anforderungsbezug und ein hoher Grad an Standardisierung. Da in den oben beschriebenen Varianten des strukturierten Interviews beides realisiert wird, ist der Beitrag der einzelnen Maßnahmen schwer getrennt zu quantifizieren. In der Summe ist er allerdings sehr substanziell, wie inzwischen mehrere neuere Metaanalysen bestätigen. So differenzierten z.B.

Huffcutt und Arthur (1994) zwischen unterschiedlichen Graden der Strukturierung. Für den geringsten Strukturierungsgrad ergab sich eine operationale Validität von ρ = .20, für den höchsten von .57. Strukturierte Interviews zählen nach diesen Befunden zu den validesten Instrumenten der Personalauswahl, erfüllen jedoch die Informations- und Attraktionsfunktion nicht in gleichem Maße wie das (eher invalide) freie Gespräch.

3.2.4 Evaluation der Auswahlinstrumente im Überblick

In einer viel zitierten Studie haben Schmidt und Hunter 1998 die damals aktuellsten Metaanalysen zu einigen der wichtigsten Auswahlinstrumente nochmals vergleichend zusammengefasst. Es ging ihnen dabei insbesondere darum festzustellen, welchen zusätzlichen Beitrag die Aufnahme eines weiteren Verfahrens über Intelligenztests hinaus erwarten lässt (*inkrementelle Validität*). Nach Auffassung der Autoren hängt die Beurteilung anderer Verfahren vor allem davon ab, ob sie sinnvolle Ergänzungen dieses Standardprädiktors darstellen. In diese Analysen geht also nicht nur der Zusammenhang zwischen dem jeweiligen Prädiktor und beruflicher Leistung ein (operationale Validität), sondern auch die Korrelation des jeweiligen Prädiktors mit Intelligenz. Befunde zur so ermittelten inkrementellen Validität einiger Auswahlverfahren sind in Tab. 3.3 aufgeführt.

3.2 Eignungsdiagnostische Instrumente

Tabelle 3.3: Ausgewählte Befunde zur operationalen und inkrementellen Validität von Auswahlverfahren für Berufsleistungskriterien (n. Schmidt & Hunter, 1998)

Auswahlverfahren	Operationale Validität (ρ)	Multiple Korrelation (R)	Inkrementelle Validität (ΔR)	% Inkrement
Intelligenztest (g)	.51			
Gewissenhaftigkeitstest*	.31	.60	.09	18 %
Integrity Test	.41	.65	.14	27 %
Berufsinteressentest	.10	.52	.01	2 %
Arbeitsproben*	.54	.63	.12	18 %
Assessment Center*	.37	.53	.02	4 %
Biografische Fragebogen	.35	.52	.01	2 %
Unstrukturierte Interviews*	.38	.55	.04	8 %
Strukturierte Interviews*	.51	.63	.12	24 %
Grafologie	.02	.51	.00	0 %

Anmerkung: * = Angaben zur operationalen Validität geben nicht mehr die aktuellsten metaanalytischen Befunde wieder (s. Abschn. 3.2.1 bis 3.2.3 für neuere Daten)

Wie aus Tab. 3.3 zu erkennen ist, ist hohe operationale (bivariate) Validität nicht gleichbedeutend mit hoher inkrementeller Validität. Das liegt daran, dass einige Verfahren substanziell mit Intelligenz korrelieren, andere aber nicht. So erreichen z.B. Integrity Tests, die (ebenso wie Gewissenhaftigkeitstests) ein von Intelligenz völlig unabhängiges Konstrukt erfassen, die höchste inkrementelle Validität, obwohl andere Verfahren für sich betrachtet valider sind. Dagegen leisten z.B. Assessment Center und biografische Fragebogen, obwohl für sich betrachtet durchaus valide, kaum zusätzliche Beiträge über Intelligenz hinaus. Diese und andere Verfahren beziehen einen Großteil ihrer eigenen Validität aus ihrer Schnittmenge mit Intelligenz. Grafologie ist dagegen ein Beispiel dafür, dass ein Verfahren ohne eigene Validität auch dann nicht inkrementell valide ist, wenn es mit Intelligenz nicht zusammenhängt. Die Botschaft dieser Analysen ist, dass zur Prognose der Berufsleistung (Vergleichbares fand sich auch für die Trainingsleistung) Prädiktoren kombiniert werden sollten, die sich ergänzen, indem sie unterschiedliche Ursachen des Leistungskonstrukts erfassen. Allerdings ist bei der Interpretation der Studie von Schmidt und Hunter (1998) in einzelnen Punkten durchaus Skepsis angebracht. Abgesehen davon, dass einige der Werte durch neuere Befunde inzwischen korrigiert wurden (s. Anm. zu Tab. 3.3.), gibt es auch Grund zur Methodenkritik. Die Angaben fassen verschiedene Metaanalysen nochmals zusammen, sind also extrem hoch aggregiert (hier wird z.B. über unterschiedliche Verfahrensvarianten, Auswahlsituationen und Leistungskriterien hinweg generalisiert), und sie beruhen auf Datensätzen höchst unterschiedlicher Qualität und Größe (während z.B. für Intelligenz- und Integrity Tests mehrere Hundert Einzelstudien vorliegen, beruht der Befund zur Grafologie auf gerade mal zwei Untersuchungen). Problematisch ist ferner die Zusammenfassung mehrerer Datensätze aus unterschiedlichen Quellen für eine gemeinsame multivariate Auswertung in der multiplen Regression (zu weiteren Kritikpunkten s. Schuler & Höft, 2006). Für die grobe Einordnung der durch verschiedene Auswahlverfahren zu erwartenden Validität bietet die Tabelle jedoch nützliche Anhaltspunkte.

Ein Beispiel für den möglichen Effekt des Kriteriums ist die Unterscheidung *typischer Leistung* von *maximaler Leistung*. Sackett, Zedeck und Fogli (1988) fanden in einer Studie mit Supermarktkassierern, dass deren über einen Zeitraum von vier Wochen gemessene typische Leistung nur sehr gering (um r = .20) mit ihrer maximalen Leistung (gemessen unter Aufsicht) korrelierte. Eine eignungsdiagnostische Implikation dieses Befundes ist, dass typische und maximale Leistung durch unterschiedliche Prädiktoren vorhergesagt werden können. Auswahlverfahren, in denen per Instruktion eine maximale Leistung gezeigt werden soll (z.B. Arbeitsproben, Intelligenztests), sollten aufgrund der größeren konzeptionellen Nähe eher maximale Berufsleistung prognostizieren. Für die Prognose typischer Leistung sollten sich eher Verfahren zur Erfassung genereller Verhaltenstendenzen (z.B. Persönlichkeitstests, biografische Verfahren) eignen (für empirische Evidenz dazu s. Marcus, Goffin, Johnston & Rothstein, 2007). Eine ähnliche Wechselwirkung lässt sich auch für die *Dynamik* beruflicher Leistung vermuten. Kurzfristig, wenn für die Leistung noch starke Übungseffekte zu erwarten sind, sollte Leistung eher von Fähigkeitskonstrukten beeinflusst werden, während für längere Zeiträume und eingeübte Tätigkeiten die Persönlichkeit eine stärkere Rolle spielt (s.u. 4.1.2).

3.3 Personalentscheidungen

Auswahlverfahren stellen lediglich eine diagnostische Information zur Verfügung, die als Grundlage für Personalentscheidungen dienen kann, die Entscheidungsfindung als solche aber nicht ersetzt. Mit einigen Möglichkeiten dazu sowie mit dem vor dem Hintergrund der Entscheidungen zu beurteilenden Nutzen der Personalauswahl beschäftigt sich der folgende Abschnitt.

3.3.1 *Möglichkeiten der Entscheidungsfindung*

Eine grundsätzliche Unterscheidung nach dem Zweck der Eignungsdiagnostik betrifft die zwischen Selektions- und Platzierungsentscheidungen (s. Abb. 3.3). Bei Platzierungs- oder Klassifikationsentscheidungen geht es formal um die Zuordnung einer Mehrzahl von Personen zu einer (bei reiner Platzierung gleich großen) Anzahl von Stellen. Dies findet z.B. im Rahmen der Laufbahnplanung statt, wenn etwa Teilnehmer eines Trainee-Programms am Ende auf verschiedene Abteilungen aufgeteilt werden sollen. Im Mittelpunkt steht „technisch" die Optimierung des P-E-Fit über mehrere Stellen, wofür die Varianz auf beiden Seiten zu beachten ist. Bei Selektionsentscheidungen geht es um die Auslese zwischen mehreren Bewerbern je Stelle, weshalb die interpersonale Varianz hier im Fokus steht. Dabei kann man die (seltene) einstufige Auswahl von der mehrstufigen oder *sequenziellen Selektion* unterscheiden. Auf den ersten Stufen findet dann eher eine Negativselektion statt (screening out), während die Positivselektion in späteren Auswahlstufen in den Vordergrund rückt. Zu diesen Entscheidungstypen korrespondieren jeweils unterschiedliche Entscheidungsstrategien.

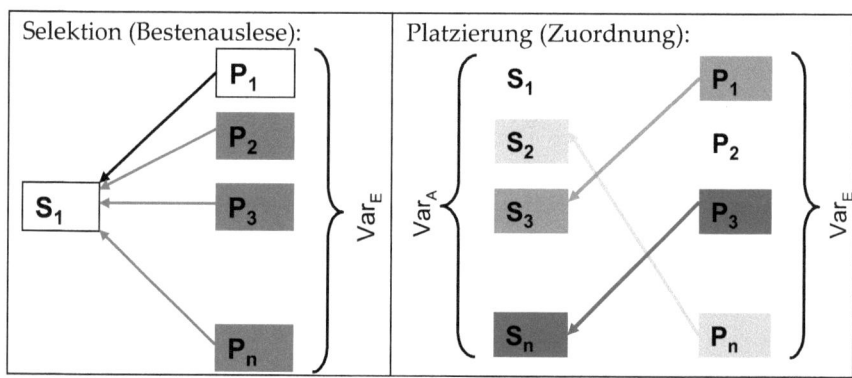

Abbildung 3.3: Schematischer Vergleich von Selektions- und Platzierungsentscheidung (Anm.: S = Stelle; P = Person; Var$_E$ = Varianz der Eignung; Var$_A$ = Varianz der Anforderungen)

Platzierungsentscheidungen. Wenn man bei der Platzierung unterstellt, dass alle Stellen gleiche Anforderungen stellen, die Personen aber unterschiedlich gut geeignet wären, handelte es sich hier um ein Nullsummenspiel: die Besetzung von Stelle A durch die geeignetste Person impliziert, dass für Stelle B bestenfalls die zweitbeste Kandidatin zur Verfügung steht usw. Eine Optimierung setzt hier also unterschiedliche Anforderungen voraus und ist dann nur über die Unterschiede in der *relativen Eignung* bzw. der Passung zwischen Person- und Anforderungsmerkmalen zu realisieren (vgl. Exkurs 2.1). Für deren Beurteilung kommen z.B. *Profilvergleiche* in Betracht, bei denen das Anforderungsprofil der Stelle dem entsprechenden Eigenschaftsprofil der Person gegenübergestellt wird. Für die Entscheidungsfindung sollte dann sowohl das Niveau der einzelnen Merkmalsausprägungen als auch die Form des Profils berücksichtigt werden, und dies nach Möglichkeit simultan über mehrere Stellen. Wenn für jede Stelle Anforderungen und für jede Person das Ausmaß der Erfüllung dieser Anforderungen quantifiziert werden können, hängt die gewählte Zuordnungsstrategie von den Zielen ab. Es kann versucht werden, für jede Stelle die beste Person zu besetzen (was oft nicht simultan möglich ist), für jede Person die beste Stelle zu finden (was zur Unterschreitung von Minimalstandards führen kann) oder einen

3.3 Personalentscheidungen

Kompromiss zu finden, der die Abweichung von Anforderung und Eignung über alle Stellen hinweg minimiert (für Beispiele s. Görlich & Schuler, 2006).

Selektionsentscheidungen. In der Vorauswahl, wenn die Negativselektion im Vordergrund steht, können *Minimalstandards* (cut-offs) der Anforderungsmerkmale definiert werden, die nicht unterschritten werden dürfen (zu Möglichkeiten der Bestimmung s. Catano et al., 2005). Wer den Schwellenwert erreicht, gelangt in die nächste Auswahlrunde. Die Positivselektion erfolgt dagegen i.d.R. nach dem Muster der *Top-Down-Selektion*, d.h. die Kandidaten werden nach ihrer Eignung in eine Rangordnung gebracht und die Stelle zunächst der am besten geeigneten Person angeboten. Da in der Eignungsdiagnostik selten nur eine einzige Anforderung bzw. ein Auswahlverfahren zu berücksichtigen ist, besteht das Problem der Integration von multiplen diagnostischen Informationen. Auch dafür stehen unterschiedliche Strategien zur Verfügung. Ein wichtiger Entscheidungsparameter ist dabei, ob zwischen den verschiedenen Anforderungsmerkmalen ein Ausgleich der Schwächen in einem Bereich durch Stärken in anderen Bereichen zugelassen werden (*Kompensationsmodell*), oder ob für alle Merkmale cut-offs nicht unterschritten werden dürfen (*Konfigurationsmodell*). Dahinter steckt im ersten Fall die Vorstellung einer kontinuierlichen Verteilung der Eignung, im zweiten Fall eine Dichotomie zwischen Eignung und „Nichteignung". Kompensation impliziert die Gefahr, dass in bestimmten Bereichen eine Minimalleistung nicht mehr erbracht werden kann, bei reiner Konfiguration wird durch die künstliche Dichotomisierung ein Großteil der eignungsdiagnostischen Information nicht genutzt. Häufig ist daher ein *gemischtes Modell* der beste Kompromiss, bei dem für jedes Merkmal ein cut-off erreicht werden muss, oberhalb dessen aber kontinuierlich gemessene Unterschiede zwischen verschiedenen Anforderungsmerkmalen kompensiert werden können (s. Görlich & Schuler, 2006).

Ein weiteres Problem bei der Integration liegt in der Gewichtung der einzelnen Anforderungsmerkmale. Bei einem Modell der Kombination von Minimalstandards in allen Merkmalen (auch *Multiple-Cutoff-Modell* bzw. konjunktive Entscheidungsregel) erfolgt implizit eine Gleichgewichtung der Anforderungsmerkmale, die alle, allerdings nur minimal, erfüllt sein müssen. Wenn dies auf mehrere Bewerber zutrifft, muss eine zusätzliche Entscheidungsregel angewandt werden. Bei mehrstufiger Auswahl steht mit dem *Multiple-Hürden-Modell* eine Variante der multiplen cutoffs zur Verfügung, bei der das Erreichen der nächsten Auswahlstufe vom Erreichen eines oder mehrerer Schwellenwerte in der vorherigen Stufe abhängig gemacht wird. Es liegt nahe, dabei mit eher unaufwändigen Verfahren (z.B. Bewerbungsunterlagen) zu beginnen und die Anwendung aufwändigerer Methoden auf spätere Stufen zu verschieben. Darin liegt gleichzeitig ein gewisses Dilemma, weil es unter entscheidungstheoretischen Gesichtspunkten günstiger wäre, die wichtigsten (d.h. validesten) Informationen zuerst zu kennen. Sonst besteht die Gefahr, die am besten geeigneten Kandidaten aufgrund unzureichender Information bereits in den ersten Auswahlstufen auszuselektieren (sog. false negatives, s.u.). Da die Bewerbungsunterlagen nicht zu den validesten Auswahlinstrumenten zählen (s.o.), ist dies ein durchaus wahrscheinliches, aber später kaum noch überprüfbares Problem.

Spätestens am Ende des Auswahlprozesses muss eine Positivselektion stattfinden, was die Bildung einer Rangreihe erfordert, um zu einem Gesamturteil zu kommen. Die Merkmale können dabei im Prinzip mit gleichem Gewicht in dieses Urteil eingehen (Einheitsgewichte). Eine Gewichtung ergibt sich jedoch oft durch die Beurteilung der Bedeutung der einzelnen Merkmale im Rahmen der Anforderungsanalyse (Kap. 1). Die klassische Form der Ermittlung statistisch optimierter Gewichte ist die *multiple Regression*. Dabei werden bekanntlich in einer empirischen Studie mehrere Prädiktoren (Auswahlverfahren) zu einem Kriterium (i.d.R. Leistung) in Beziehung gesetzt und eine Funktion berechnet, die durch Gewichtung der Prädiktoren deren aggregierte Validität (multiple Korrelation) optimiert. Allerdings sind diese Regressionsgewichte an die spezifische Stichprobe angepasst und deshalb besonders bei kleinen oder wenig repräsentativen Stichproben häufig instabil und Einheitsgewichten kaum überlegen (Schmidt, 1971). Es kann daher sinnvoller sein, für die Gewichtung auf metaanalytische Befunde zurückzugreifen. Die Gesamtvalidität wird durch die statistische Optimierung überschätzt; daher sollte eine statistische Schrumpfungskorrektur (vgl. Bortz, 2005) oder eine Kreuzvalidierung in einer zweiten, unabhängigen Stichprobe durchgeführt werden. Ferner ist zu bedenken, dass die multiple Regression methodenimmanent das Kompensationsmodell unterstellt; für die Entscheidungsfindung können jedoch auch cut-offs in die Regressionsgleichung integriert werden.

3.3 Personalentscheidungen

3.3.2 Nutzenmodelle in der Eignungsdiagnostik

Entscheidungstheoretische Nutzenanalyse. Der Nutzen eines Auswahlverfahrens kann aus Sicht der Organisation grundsätzlich daran bemessen werden, was es zur Verbesserung von Personalentscheidungen beiträgt. Ein klassischer Ansatz dazu argumentiert mit der Veränderung der Anteile richtiger und falscher Entscheidungen durch Anwendung des Verfahrens (H. Taylor & Russell, 1939). Trotz einiger Kritikpunkte eignet sich dieses Nutzenmodell gut, um sich Handlungsparameter, die im Auswahlprozess insgesamt zur Verfügung stehen, in ihren Auswirkungen zu verdeutlichen. In grafischer Form sind diese Auswirkungen in Abb. 3.4 wiedergegeben. In der Abb. 3.4a werden die Ergebnisse im Auswahlverfahren (Prädiktorwerte) den Kriteriendaten (Berufsleistung) gegenübergestellt. Die Ellipse (eigentlich eine Punktwolke) repräsentiert dabei die Kombination von Prädiktor- und Kriterienwerten für eine Gruppe von Bewerbern. Die senkrechte Linie unterteilt die Gruppe in Bewerber, die aufgrund ihrer Prädiktorwerte eingestellt oder abgelehnt werden. Die horizontale Linie soll dagegen einen Schwellenwert für die Leistung repräsentieren: Bewerber oberhalb der Linie erweisen sich als geeignet, die anderen als ungeeignet (da Leistung i.d.R. eine kontinuierlich verteilte Variable ist, stellt dies eine durchaus kritische Vereinfachung dar). Die beiden Linien unterteilen die Bewerber in vier Gruppen, die gemäß einem Vierfelder-Schema der Fehlerrisiken zu interpretieren sind: Bewerber können entweder korrekt als geeignet (EG bzw. true positive) oder ungeeignet (AU oder true negative) eingestuft werden, oder sie können fälschlicherweise eingestellt (EU, false positive) oder abgelehnt (AG, false negative) worden sein. Der Nutzen bemisst sich nun daran, inwieweit es mit Hilfe des Prädiktors gelingt, den Anteil richtiger Entscheidungen zu steigern. In der Personalauswahl interessiert man sich dabei oft nur für die eingestellten Bewerber, d.h. für den Anteil: EG / (EG + EU). Da es für Organisationen aber durchaus auch von Interesse ist, die Ablehnung hervorragend geeigneter Bewerber zu vermeiden, sollten eigentlich alle Entscheidungsfolgen betrachtet und das folgende Verhältnis maximiert werden: (AU + EG) / (AU + EG + AG + EU). Allerdings liegen über abgelehnte Bewerber gewöhnlich keine hinreichenden Informationen vor.

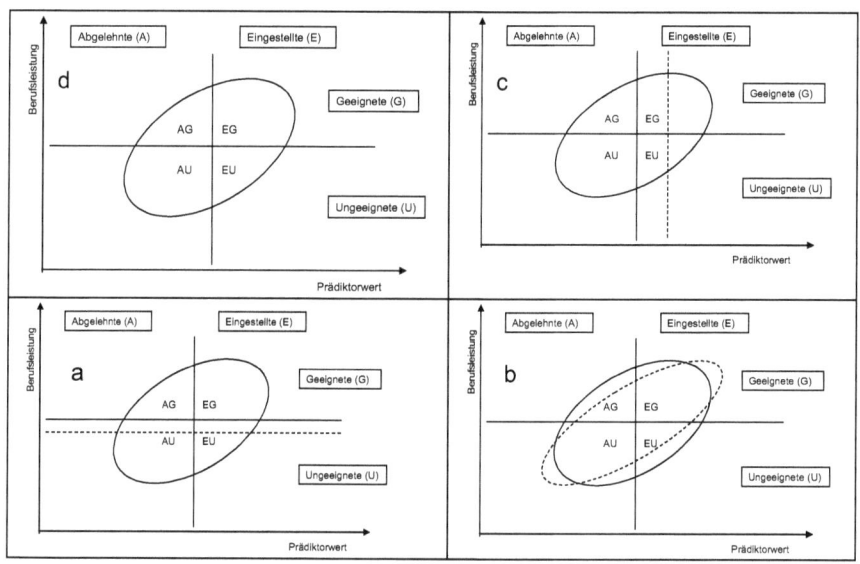

Abbildung 3.4: Einfluss der Parameter Selektionsquote (b), Grundquote (c) und Validität (d) auf den Entscheidungsnutzen in der Personalauswahl

Zur Nutzenmaxinierung stehen drei Parameter zur Verfügung, deren Auswirkung in Abb. 3.4b-d illustriert ist. Durch eine strengere Vorauswahl erhöht sich die *Selektionsquote,* definiert als Anteil der Eingestellten an allen Bewerbern: (EG + EU) / (AU + EG + AG + EU). Wie in Abb. 3.4b an der gestrichelten senkrechten Linie zu erkennen ist, vermindert sich dadurch zwar die Zahl der true positives (EG), aber noch stärker die der false positives (EU), so dass der Nutzen insgesamt steigt. Der zweite Parameter, die Basisrate oder *Grundquote,* ist als Anteil Geeigneter an allen Bewerbern definiert: (EG + AG) / (AU + EG + AG + EU). Die Grundquote erhöht sich, wenn die waagerechte Linie abgesenkt werden kann (Abb. 3.4.c), was den Nutzen durch eine Verminderung der false positives (EU) zugunsten der true positives (EG) verbessert. Da die Zahl der zu besetzenden Stellen i.d.R. ein Datum ist, lassen sich die bislang genannten Parameter meist nur durch eine Veränderung des Bewerberpools in quantitativer (Selektionsquote) oder qualitativer (Grundquote) Hinsicht beeinflussen, d.h. durch Maßnahmen des

3.3 Personalentscheidungen

Personalmarketing. Wie aus Abb. 3.4b und c ebenfalls zu erkennen ist, geht der höhere Anteil von Geeigneten (EG) aber in beiden Fällen einher mit einem größeren Anteil von false negatives (AG). Einzig der dritte Parameter, die (kriterienbezogene) operationale *Validität*, verändert simultan den Anteil aller möglichen Entscheidungsausgänge in der erwünschten Richtung. In Abb. 3.4d ist dies durch die schmalere Ellipse dargestellt, was einem engeren Zusammenhang zwischen Prädiktor und Kriterium entspricht. Unter normalen Umständen (d.h. bei nicht zu extremer Selektions- und Grundquote) ist dies die effektivste Maßnahme zur Nutzensteigerung, was die Validität zum wichtigsten Nutzenparameter macht. Sie wird nicht durch das Personalmarketing, sondern durch die eingesetzten Personalauswahlverfahren bestimmt. Wie man durch Ausprobieren mit den Parametern in Abb. 3.4 leicht herausfinden kann, hat die Veränderung der Validität bei mittlerer Grund- und Selektionsquote den stärksten Effekt, während umgekehrt deren Einfluss mit der Validität ansteigt (bei $r = 0$ wird aus der Ellipse ein Kreis und die beiden anderen Parameter sind für den Gesamtnutzen wirkungslos).

Monetäre Nutzenmodelle. Bereits früh wurde versucht, diese entscheidungstheoretischen Überlegungen zu erweitern, in dem der Nutzenzuwachs in Geldeinheiten gemessen wird und davon die (monetären) Kosten der Personalauswahl abgezogen werden. Dieses Vorgehen entspricht der betriebswirtschaftlichen Investitionsrechnung, wobei inzwischen erweiterte Formeln existieren, die zusätzliche Parameter und teils finanzmathematische Elemente berücksichtigen (im Überblick Görlich & Schuler, 2006). Die Grundform stammt von Brogden (1949) und berechnet den Nutzenzuwachs ΔU pro Stelle durch ein Auswahlverfahren wie folgt:

$$\Delta U = SD_y \cdot r_{xy} \cdot z_x - C/p$$

Dabei ist:

- SD_y = Standardabweichung der Leistung in Geldeinheiten
- r_{xy} = (operationale) Validität des Auswahlverfahrens
- z_x = mittlerer standardisierter Testwert der Eingestellten
- C/p = Kosten des Verfahrens pro Stellenbesetzung

Wie zu erkennen ist, hängt auch in diesem finanzmathematischen Modell der Nutzen von den gleichen psychometrischen Parametern ab, die oben diskutiert wurden. Während die Validität direkt in die Formel eingeht, verbirgt sich der Effekt der Selektionsrate (indirekt auch der Grundquote) in dem Term z_x. Je strenger die Auswahl (geringere Selektionsquote), desto höher fallen die Testwerte der Eingestellten aus. Die Hauptschwierigkeit liegt in der Schätzung von SDy, da Leistung selten direkt in Geldeinheiten gemessen werden kann. Es stehen dafür unterschiedliche Verfahren zur Verfügung, die auf Expertenurteilen oder metaanalytischen Schätzungen beruhen (vgl. Görlich & Schuler 2006). Sinn monetärer Nutzenanalysen ist es u.a., Managern den Wert personalpsychologischer Arbeit in deren Sprache zu kommunizieren, nämlich der Sprache des Geldes. In entsprechenden Analysen ließ sich bislang fast immer zeigen, dass schon geringe Validitätsgewinne durch bessere Auswahlinstrumente eine lohnende Investition darstellen. Empirische Studien (zuerst bei Latham & Whyte, 1994) zeigen allerdings das paradoxe Ergebnis, dass die Präsentation positiver Ergebnisse aus monetären Nutzenanalysen die Akzeptanz des evaluierten Verfahrens bei Managern *reduziert*. Dieser Befund wurde von den Autoren als Indikator für die Irrationalität der Entscheidungskriterien von Managern bei der Personalauswahl interpretiert, invalidiert jedoch nicht die Methode der Nutzenanalyse.

3.4 Personalauswahl aus Bewerbersicht

Aus Sicht der Bewerber lässt sich die Auswahl einerseits unter dem Gesichtspunkt betrachten, welchen Eindruck die Organisation durch ihr Auswahlverfahren hinterlässt (Selektion durch den Bewerber), andererseits dahingehend, wie sich die Auswahlentscheidung durch die eigene Selbstdarstellung beeinflussen lässt (Attraktion; vgl. Abschn. 2.1). Diese beiden Aspekte sind Gegenstand der beiden nächsten Unterabschnitte.

3.4.1 *Akzeptanz von Auswahlverfahren*

Abgesehen davon, dass Bewerber im Auswahlverfahren gesetzlich fixierte oder durch Rechtsprechung entwickelte Rechte haben, unter denen durch Antidiskriminierungsgesetze (in Deutschland das *Allgemeine Gleichbehand-*

lungsgesetz, AGG) insbesondere das Recht auf *Fairness* (keine Auswahl aufgrund irrelevanter Merkmale) hervorragt, reagieren sie auch bei Einhaltung rechtlicher Regeln in unterschiedlicher Weise auf Auswahlverfahren. Als Sammelbezeichnung für die subjektive Bewertung von Auswahlverfahren und des Auswahlprozesses hat sich der Begriff der *Akzeptanz* eingebürgert. Der in Deutschland häufig auch gebrauchte Begriff „soziale Validität" ist ein wenig missverständlich, weil es sich explizit nicht um ein psychometrisches Gütekriterium handelt. Anders als die meisten anderen Gütekriterien (z.b. Reliabilität, Nutzen, s.o.) ist die Akzeptanz auch tatsächlich unabhängig von der Validität zu betrachten, und es gibt Hinweise, dass Praktiker die Akzeptanz sogar wichtiger nehmen als die Validität (z.b. König, Klehe, Berchthold & Kleinmann, 2010). Nachdem dieses Thema in der akademischen Diskussion lange zu kurz kam, hat es sich in den letzten Jahren zu einem intensiv beforschten Gebiet entwickelt.

Das international am stärksten beachtete theoretische Modell der Akzeptanz von Auswahlverfahren beruht auf einer Adaption der Theorie organisationaler Gerechtigkeit durch Gilliland (1993). Diese Theorie unterscheidet zwischen der, jeweils durch die Bewerber eingeschätzten, Verteilungsgerechtigkeit und der prozeduralen Gerechtigkeit. *Verteilungsgerechtigkeit* bezieht sich auf die Ergebnisse des Auswahlprozesses, vor allem auf die Entscheidung über Stellenangebot oder Ablehnung. Mit *prozeduraler Gerechtigkeit* sind dagegen Bewertungen des Ablaufs der Personalauswahl gemeint. Die Akzeptanzforschung hat sich vor allem auf prozedurale Merkmale konzentriert, da diese sich unabhängig von der Anzahl verfügbarer Stellen und der Fairness beeinflussen lassen. Unter Rückgriff auch auf ältere Akzeptanzmodelle spezifiziert Gilliland (1993) zehn Regeln prozeduraler Gerechtigkeit, die er drei übergeordneten Kategorien zuordnet:

- *Formale Charakteristika:* Berufsbezogenheit, Einfluss des eigenen Verhaltens auf das Testergebnis, Möglichkeit zur Korrektur ungünstiger Testergebnisse, Konsistenz der Durchführung
- *Erklärung/Information:* Ergebnisrückmeldung, Information über den Auswahlprozess, Ehrlichkeit
- *Zwischenmenschlicher Umgang:* Interpersonale Kompetenz der Auswählenden, Zweiwege-Kommunikation, Angemessenheit der Fragen (d.h. Verzicht auf unsachliche oder diskriminierende Fragen)

Ein erheblicher Teil der empirischen Forschung zur Akzeptanz beschäftigt sich mit den Auswirkungen dieser Faktoren auf die Akzeptanz unterschiedlicher Auswahlverfahren und mit deren vergleichender Bewertung. Nach der Metaanalyse von Hausknecht, Day und Thomas (2004) zeigen strukturale Dimensionen wie *wahrgenommener Berufsbezug* und subjektiv eingeschätzte *„Augenscheinvalidität"* sowie die Möglichkeit der *Einflussnahme auf das Ergebnis* mit Korrelationen um $r = .50$ den weitaus größten Einfluss auf die prozedurale Gerechtigkeit und Einstellungen zu den Verfahren, während die interpersonalen Faktoren lediglich um $r = .20$ mit diesen Variablen korrelierten. Wahrgenommene Gerechtigkeit und Akzeptanz wirkten sich ihrerseits substanziell auf die wahrgenommene Attraktivität der Organisation und die Bereitschaft zur Annahme eines Stellenangebots aus. Unternehmen sind also gut beraten, die Akzeptanz als Kriterium bei der Gestaltung ihres Auswahlverfahrens zu berücksichtigen. Zur Akzeptanz einzelner Verfahren gibt es eine Serie internationaler Vergleichsstudien, die zuletzt von Anderson, Salgado und Hülsheger (2010) zusammengefasst wurden. Deren metaanalytische Befunde sind zusammen mit denen einer darin enthaltenen deutschen Untersuchung (Marcus, 2003a) in Tab. 3.4 aufgeführt (Skala von 1 bis 7). Kritisch ist an diesen Befunden allerdings zu bewerten, dass sie, mit wenigen in der Tabelle gekennzeichneten Ausnahmen, nicht auf tatsächlicher Erfahrung mit dem jeweiligen Verfahren, sondern auf Kurzbeschreibungen beruhen. Dies dürfte häufig angewandte Verfahren (z.B. Interviews, Bestandteile von Bewerbungsunterlagen) bevorzugen, die in den Befragungen tatsächlich mit am besten abschneiden. Ansonsten zeigt sich auch international recht konsistent, dass Verfahren, die offensichtlich berufsbezogen sind (z.B. Arbeitsproben) oder Möglichkeiten zur Einflussnahme bieten (Interviews) besonders günstig bewertet werden, während psychometrische Tests im neutralen Bereich rangieren und undurchsichtige Verfahren (z.B. Grafologie) einhellig abgelehnt werden.

3.4 Personalauswahl aus Bewerbersicht

Tabelle 3.4: Mittlere Akzeptanzwerte von 10 Personalauswahlverfahren

	Internationale Metaanalyse[1]	Deutschland[2]
Arbeitsprobe	5,38	5,34
Interview	5,22	5,67
Lebenslauf	4,97	4,85
Kognitiver Fähigkeitstest*	4,59	4,10
Referenzen	4,36	4,91
Biografischer Fragebogen*	4,28	3,20
Persönlichkeitstest*	4,08	4,18
Integrity Test*	3,69	3,64
Persönliche Beziehungen	2,59	2,62
Grafologie	2,33	1,90

Anm.: 1 = Anderson et al. (2010; N = 2380 bis 3683); 2 = Marcus (2003a; N = 213);
* = Verfahren bei Marcus (2003a) nach tatsächlicher Durchführung bewertet

3.4.2 Selbstdarstellung von Bewerbern

Die Selbstdarstellung der Bewerber wird traditionell paradoxerweise aus Sicht der Organisation betrachtet, nämlich als die diagnostischen Befunde verfälschendes Verhalten, das es nach Möglichkeit zu verhindern oder zu kontrollieren gelte. Stellvertretend für diese Perspektive stehen Begriffe wie z.B. soziale Erwünschtheit, impression management oder Verstellung (faking). Die deutlich wertfreiere Auffassung der Sozialpsychologie von Selbstdarstellung fasst unter diesem Begriff dagegen Verhaltensweisen zusammen, die der bewussten oder unbewussten Steuerung des Eindrucks von der eigenen Person dienen, den sich ein Gegenüber in der sozialen Interaktion bildet (Goffman, 1959). Wenn ein Bewerber ein Stellenangebot erhalten will, ist dies nicht möglich, ohne beim künftigen Arbeitgeber einen günstigen Eindruck zu hinterlassen. Insofern ist der Verzicht auf einseitige Bewertung dem wissenschaftlichen Verständnis des Phänomens eher dienlich. In jüngster Zeit ist eine sehr intensiv und teils ungewöhnlich heftig geführte Debatte über die Folgen der Selbstdarstellung für die Eignungsdiagnostik entbrannt, die hier nur in Ansätzen nachgezeichnet werden kann.

Obwohl auch Verfahren wie Interviews oder ACs von positiver Selbstdarstellung betroffen sein können, entzündet sich die Debatte unter dem Stichwort *Faking* hauptsächlich an Persönlichkeitstests in Form von Selbstberichtsfragebogen (z.B. Morgeson et al., 2007a, b; Ones, Dilchert, Viswesvaran & Judge, 2007; Tett & Christiansen, 2007). Dabei lassen sich, grob gesprochen, drei grundsätzliche Positionen unterscheiden: (1) Persönlichkeitstests sind verfälschbar und sollten deshalb i.d..R. nicht in der Personalauswahl eingesetzt werden; (2) die Verfälschbarkeit von Persönlichkeitstests wirkt sich nicht auf die Validität aus, weshalb das Thema Faking ad acta gelegt werden sollte; (3) Selbstdarstellung kann sich in komplexer Weise sowohl negativ als auch positiv auf die Ergebnisse der Personalauswahl auswirken, weshalb eine differenzierte Betrachtung angemessen ist (zum letzten Standpunkt s.u. Näheres).

Für die im Zusammenhang mit Selbstdarstellung am besten erforschten Persönlichkeitstests ist durch Experimente, in denen die Experimentalgruppe eine Faking-Instruktion erhält, gut belegt, dass Testteilnehmer ihre Angaben in die sozial erwünschte Richtung verändern können, wenn sie dazu aufgefordert werden (metaanalytisch Visweswaran & Ones, 1999). Im Feld erzielen Bewerber zwar bei der Messung beruflich erwünschter Eigenschaften im Mittel höhere Werte als Teilnehmer in für sie folgenlosen Testanwendungen, dies zeigt sich aber nur für einige Eigenschaften und die Effektstärken fallen deutlich geringer aus als in Laborexperimenten (Birkeland, Manson, Kisamore, Brannick & Smith, 2006). Ein weiterer Hinweis für die Beeinflussung der Testergebnisse durch die Bewerbungssituation ist die mehrfach beobachtete Erhöhung der Interkorrelation der Skalen in mehrdimensionalen Persönlichkeitsinventaren unter Bewerbungsbedingungen, was sich als Hinweis auf eine situationsbedingte Erwünschtheitskomponente interpretieren lässt (zusammenfassend Marcus, 2003b). Während diese Befunde zumindest teilweise die erste der oben genannten Positionen zu stützen scheinen, passen andere Ergebnisse gar nicht in dieses Bild. Bei Vergleichen der operationalen Validität von Persönlichkeitstests bei echten Bewerbern mit anonymen Forschungssituationen fand sich metaanalytisch teils

3.4 Personalauswahl aus Bewerbersicht

kein Unterschied, teils sogar ein leichter Validitätsvorteil zugunsten der Bewerbungssituation (zusammenfassend Marcus, 2003b). Ferner ließen sich für die zahlreichen Maßnahmen, die sich Diagnostiker zur Kontrolle oder Verhinderung sozialer Erwünschtheit ausgedacht haben, im Feld fast nie positive Auswirkungen auf die Validität belegen. Am besten untersucht ist dieser Nulleffekt für die am häufigsten angewandte Methode, sog. Lügen- oder *Erwünschtheitsskalen*, deren Einsatz die Validität weder positiv noch negativ nennenswert beeinflusst (vgl. Marcus, 2003b). Die Befundlage ist also offenbar widersprüchlich: Es gibt Effekte der Bewerbungssituation auf den Mittelwert der Testergebnisse (was allerdings für sich genommen die Validität *nicht* beeinflusst) und auf die Konstruktvalidität, jedoch nicht auf die kriterienbezogene Validität.

Diese scheinbaren Widersprüche versucht eine kürzlich veröffentlichte Theorie der Selbstdarstellung zu erklären (Marcus, 2009). Darin wird angenommen, dass die Konzeption von Faking als Ausdruck von Dispositionen wie trait impression management lediglich eine von vier Komponenten widerspiegelt, die bei der Selbstdarstellung eine Rolle spielen. Solche Dispositionen bestimmen die latente Verhaltensbereitschaft oder *anfängliche Selbstdarstellungsmotivation*, mit der Bewerber in den Auswahlprozess eintreten. Im nächsten Schritt müssen sie jedoch, um erfolgreich zu sein, die Erwartungen des Arbeitgebers korrekt einschätzen, wofür sie *analytische Selbstdarstellungsfertigkeiten* (bedingt u.a. durch Erfahrung, Intelligenz, Einfühlungsvermögen) benötigen. Auf der Grundlage dieser Analyse kommt es auch zu einer Neubewertung der Situation, wobei sich die dann *informierte Selbstdarstellungsmotivation* von der anfänglichen Motivation u.a. dadurch unterscheidet, dass eine wahrgenommene Diskrepanz zwischen Selbstbild und Arbeitgebererwartungen die Motivation zur Selbstdarstellung vermindert. Dies erklärt nach der Theorie die geringeren Mittelwertseffekte im Feld. Schließlich müssen die Verhaltensabsichten noch in die Tat umgesetzt werden, was u.U. *verhaltensbezogene Selbstdarstellungsfertigkeiten* erfordert, die von der Art des Auswahlverfahrens abhängen. Das Ausfüllen von Persönlichkeitsfragebogen bedarf keiner besonderen Fertigkeit, dagegen verlangen interaktive Verfahren (z.B. Interview, AC) eine darstellerische („Bühnen"-) Performanz, während in Leistungstests (z.B. Intelligenztests, Arbeitsproben) die Maximalleistung unter psychischer Belastung abgerufen werden muss. Die Befunde zur kriterienbezogenen Validität erklärt die Theorie damit, dass negative Auswirkungen der Selbstdarstellung auf die Konstruktvalidität durch positive Zusammenhänge z.B. der analytischen Fertigkeiten mit Leistung kompensiert werden. Der scheinbare Nulleffekt ist also das Ergebnis einander widersprechender Effekte, die sich gegenseitig aufheben. Dies impliziert u.a. die Existenz (auch) positiver Selbstdarstellungseffekte, die diagnostisch auch nutzbar gemacht werden könnten, statt, wie jahrzehntelang ohne großen Erfolg versucht, Selbstdarstellung möglichst auszuschalten. Die Theorie ist zwar mit den empirischen Befunden vereinbar, selbst jedoch erst in Ansätzen empirisch untersucht.

Weiterführende Literaturempfehlungen

Catano, V. M., Wiesner, W. H., Hackett, R. D., & Methot, L. L. (2005). *Recruitment and selection in Canada* (3rd ed.). Toronto: Thomson-Nelson. (insbes. chs. 7, 8, 9 und 10).

Cook, M. (2009). *Personnel selection: Adding value through people* (5th ed.). Chichester: Wiley-Blackwell.

Schuler, H. (Hrsg.) (2006). *Lehrbuch der Personalpsychologie* (2. überarb. u. erw. Aufl.) Göttingen: Hogrefe. (insbes. Kap. 5, 6, 7, 25 und 26).

4 Berufsleistung und Personalbeurteilung

> *In business, words are words, explanations are explanations, promises are promises, but only performance is reality.*
>
> Harold S. Geneen

In den vorangegangenen Kapiteln war häufig von beruflicher Leistung die Rede. Es wurde jedoch noch nicht im Detail darauf eingegangen, wie dieses für die Personalpsychologie und das HR-Management zentrale Konstrukt konzeptualisiert wird. Dies wird im ersten Teil dieses Kapitels nachgeholt, in dem es zunächst um das grundsätzliche Verständnis von Leistung geht, anschließend um die interne Struktur des Konstrukts und um einige spezifische Leistungskomponenten von genereller Bedeutung. Die Beurteilung beruflicher Leistung ist aber nicht nur ein Problem der personalpsychologischen Forschung, sondern auch eine betriebliche Funktion. Diese ist Gegenstand des zweiten Hauptabschnitts in diesem Kapitel. Darin werden die Zwecke der Leistungsbeurteilung, deren Gütekriterien und mögliche Urteilsfehler sowie Quellen, Erhebungsinstrumente und einige Möglichkeiten der Verbesserung und Kommunikation von Leistungsurteilen beleuchtet.

4.1 Das Konstrukt beruflicher Leistung

4.1.1 Begriff und Operationalisierung der Berufsleistung

Berufliche Leistung lässt sich sehr allgemein definieren als der individuelle Beitrag eines Mitarbeiters zu den Zielen einer Organisation (z.B. Schuler &

Marcus, 2004; Gruppenleistungen sind eher Gegenstand der Organisationspsychologie). Dahinter steckt erstens die normative Vorstellung, dass Leistung ein genereller Wertmaßstab zur Beurteilung von Menschen und zur Chancenverteilung sein sollte (*meritokratisches Prinzip*), was gleichzeitig alternativen Wertmaßstäben (z.B. nach Herkunft, Alter, Bedürftigkeit) entgegen steht. Inhaltlich ergibt sich aus der Definition zweitens, dass sich der Gegenstand der Leistung aus den Zielen der Organisation ergibt und damit organisationsspezifisch zu definieren ist. Daraus sollte jedoch nicht das Missverständnis erwachsen, Leistung sei eine soziale Konstruktion in dem Sinne, dass sie sich gewissermaßen nach Belieben festlegen oder ändern ließe. Wenn bspw. ein Handwerker eine Arbeit so ausführt, dass daraus eine für seine Firma kostspielige Reklamation entsteht, ist dies ein nur schwer hinweg zu definierendes Faktum.

Aus der allgemeinen Definition ergibt sich noch keine Anleitung zur Operationalisierung bzw. Messung von Leistung. Dafür kommen im Prinzip unterschiedliche Gegenstände in Betracht. Man kann diese entlang einer gedachten Ursachenkette kategorisieren, wobei das individuelle *Potenzial* (etwa im Sinne von KSAOs) zunächst das berufliche *Verhalten* bedingt, das seinerseits zu bestimmten Handlungsfolgen oder *Ergebnissen* führt. In der Personalpsychologie findet die Beurteilung des Potenzials für die Leistungsmessung nur wenig Unterstützung, wofür es aus wissenschaftlicher Sicht gute Gründe gibt (Individuen sind für ihr Potenzial kaum verantwortlich; die Potenzialanalyse und deren Mittel sind zudem nicht Gegenstand der Leistungsbeurteilung, sondern eher der Eignungsdiagnostik). Das kann jedoch nicht verhindern, dass Leistungsbeurteilungen in der Praxis oft mehr oder weniger kaschierte Eigenschaftsurteile darstellen (vgl. Marcus & Schuler, 2006). Kontroverser werden die Vorzüge von Verhalten und Ergebnissen als alternative Beurteilungsgegenstände bewertet (s. dazu im Detail Schuler & Marcus, 2004). Während insbesondere Betriebswirte bei der Gestaltung von Instrumenten des HR-Managements (z.B. Leistungslohn, Management-by-Objectives usw.) sehr stark auf Ergebniskriterien setzen, bevorzugen Personalpsychologen überwiegend die Beurteilung des Verhaltens. Das Hauptargument dafür ist, dass Mitarbeiter nur auf ihr Verhalten unmittelbaren Einfluss haben, weshalb es sowohl unter dem Gesichtspunkt der Fairness als auch der Verhaltenssteuerung die angemessene Umsetzung des Leistungskonstrukts darstellt. Für Ergebniskriterien (z.B. Verkaufs- oder Stückzahlen)

4.1 Das Konstrukt beruflicher Leistung

spricht allerdings u.a., dass sie den Unternehmenszielen am nächsten stehen. Der Vorzug der scheinbaren Objektivität relativiert sich dagegen bei Betrachtung grundsätzlicher Probleme der Leistungsmessung.

Leistung kann, wie jedes theoretische Konstrukt, nicht unmittelbar beobachtet werden. Von Thorndike (1949) stammt die theoretische Vorstellung eines *ultimativen Kriteriums*, bei dem Leistungsmessung und Leistungskonstrukt genau deckungsgleich sind. Selbstverständlich lässt sich dieses Ideal in der Praxis nur annähern. Das Ausmaß, in dem das gemessene Kriterium mit dem Konstrukt tatsächlich übereinstimmt, wird auch als *Kriteriumsrelevanz* bezeichnet. Der Anteil des gemessenen Kriteriums, der für das Konstrukt irrelevante Aspekte umfasst, heißt auch *Kriteriumskontamination*. Mit *Kriteriumsdefizienz* bezeichnet man dagegen den Anteil des eigentlichen Leistungskonstrukts, der im Kriterium nicht gemessen wird (s. Abb. 4.1). Alle Leistungskriterien sind in gewissem Umfang kontaminiert und defizient (aber hoffentlich auch relevant); in Verhaltensbeurteilungen kontaminieren bspw. Urteilsfehler (z.B. Sympathie) die Messung, während die Urteile durch nicht beobachtetes oder erinnertes Verhalten defizient werden. Auch bei Ergebniskriterien treten jedoch unerwünschte Anteile auf. So fehlen bspw. der Beurteilung eines Vertreters anhand von Verkaufsabschlüssen wichtige Leistungsaspekte wie die Altkundenbindung oder die Kooperation mit Kollegen (Defizienz), während andererseits die Verkäufe durch unterschiedlich günstige Verkaufsbezirke, Aktivitäten der Konkurrenz etc. kontaminiert sind.

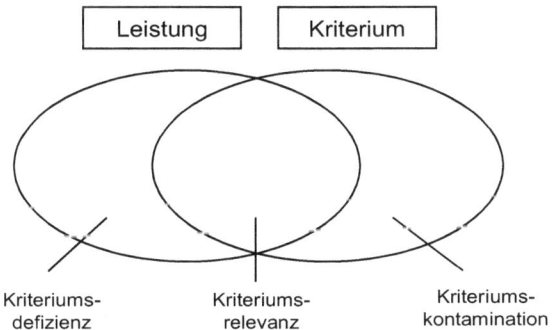

Abbildung 4.1: Kriteriumsrelevanz, -defizienz und -kontamination

4.1.2 Facetten allgemeiner beruflicher Leistung und deren Ursachen

Berufsleistung gilt Vielen bis heute als ein Konstrukt, das stellenspezifisch zu definieren sei und über das sich deshalb inhaltlich wenig Allgemeines berichten lasse. Bezüglich der internen Struktur dieses Konstrukts wurde dagegen oft entweder Homogenität (und damit ein Generalfaktor) meist stillschweigend unterstellt, oder es wurde umgekehrt in Leistungsbeurteilungen eine Vielzahl als unabhängig erachteter Facetten spezifiziert. Diese Standpunkte müssen spätestens seit der Auswertung von Befunden aus dem *US Army Selection and Classification Project (Project A)* aus den 1980ern relativiert werden. In diesem mit enormem Aufwand betriebenen Projekt wurden für eine Reihe unterschiedlicher Berufe fünf Leistungsdimensionen identifiziert, von denen lediglich eine berufsspezifisch war (s. Marcus, 2011). Das Project A bildet eine der wichtigsten empirischen Grundlagen für neuere theoretische Vorstellungen der Struktur beruflicher Leistung (im Überblick Marcus & Schuler, 2006). Die Konzepte ähneln sich inhaltlich insofern als in allen einerseits neben berufsspezifischen auch berufsübergreifend relevante Leistungsfacetten spezifiziert werden, andererseits das Konstrukt Leistung durch eine überschaubare Anzahl von Dimensionen beschrieben wird. Die Ansätze unterscheiden sich jedoch hinsichtlich der genauen Fundierung, der Form der angenommenen faktoriellen Struktur von Leistung sowie darin, ob sie den Akzent lediglich auf das Konstrukt selbst oder auch auf dessen Ursachen legen.

Theorie beruflicher Leistung von Campbell et al. In der Theorie von Campbell, McCloy, Oppler und Sager (1993, alles Mitarbeiter beim Project A) werden drei unterschiedliche Elemente kombiniert. Erstens betonen die Autoren, dass sie unter Leistung ausschließlich berufliches *Verhalten* (und nicht bspw. Ergebnisse, s.o.) verstehen. Zweitens spezifizieren sie drei allgemeine Ursachenkomplexe (*Determinanten*), die nach ihrer Meinung alle Leistungsfacetten bedingen: deklaratives Wissen (DK), prozedurales Wissen und Fertigkeiten (PKS) und die Motivation. Diese sind multiplikativ verknüpft (was die Autoren nicht explizit begründen), woraus sich als Grundgleichung für jede Leistungskomponente (PC) ergibt: PC = DK x PKS x M. Drittens spezifizieren sie acht solcher *Leistungskomponenten*, die teilweise direkt aus dem Project A übernommen, teilweise auch hinzugefügt wurden, wobei die Fundierung der Hinzufügungen vage bleibt. Campbell und

Kollegen lehnen die Existenz eines Generalfaktors oberhalb dieser Struktur explizit ab. Dieser Auffassung widersprechen Viswesvaran, Schmidt und Ones (2005) in einer Anwendung der Metaanalyse auf Leistungsbeurteilungen. Nachdem sie Urteilstendenzen (u.a. Halo, s. Abschn. 4.2) aus den empirischen Interkorrelationen verschiedener Leistungsfacetten herausgerechnet hatten, verblieb ein Generalfaktor, der beachtliche 60 % der Varianz in den Urteilen aufklärte.

Zwei-Komponenten-Modell. Das bisher einflussreichste Strukturmodell beruflicher Leistung ist die Unterscheidung *aufgabenbezogener* von *umfeldbezogener* Leistung (task vs. contextual performance) durch Borman und Motowidlo (1993), die inzwischen noch mehrfach leicht revidiert (zuletzt von Borman, Penner, Allen & Motowidlo, 2001; dies liegt auch Tab. 4.1 zugrunde) wurde. Im Kern handelt es sich bei aufgabenbezogener Leistung um Verhalten, dass der Erfüllung der bspw. in einer Stellenbeschreibung definierten Arbeitsaufgaben dient, bei der umfeldbezogenen Leistung um Handlungen, die (positiv oder negativ) über die Erfüllung der Arbeitsaufgaben bzw. der Arbeitsrolle (daher auch der alternative Begriff Extrarollenverhalten, s.u.) hinausweisen. Einige Bereiche umfeldbezogener Leistung werden als so bedeutsam angesehen und in der neueren Literatur so intensiv beforscht, dass sie in einem eigenen Abschnitt behandelt werden sollen (4.1.3). Obwohl auch diese beiden sehr allgemeinen Dimensionen untereinander substanziell korreliert sind, stützt die bisherige Forschung überwiegend die Konstruktvalidität der Unterscheidung (zusammenfassend Marcus & Schuler, 2006).

Tabelle 4.1: Borman & Motowidlo's (1993) Konzepte der aufgaben- vs. umfeldbezogenen Leistung (aktualisiert und modifiziert nach Marcus & Schuler, 2006)

	aufgabenbezogene Leistung	umfeldbezogene Leistung
Kennzeichnung	<ul><li>Tätigkeiten, die formal Gegenstand der Arbeit sind</li><li>direkt ergebnisbezogen</li><li>stellenspezifisch</li></ul>	<ul><li>Tätigkeiten, die über die formalen Arbeitsinhalte hinausgehen</li><li>indirekt ergebnisunterstützend</li><li>allgemeingültig</li></ul>
Beispiel	fehlerfreier Einbau eines Armaturenbretts	Unterstützung ungeübter Kollegen
Inhalt	durch Arbeitsanalyse / Stellenbeschreibung festgelegt	<ul><li>Unterstützung anderer Personen (Hilfe, Kooperation, Rücksichtnahme, Motivierung)</li><li>Unterstützung der Organisation (Vertretung nach außen, Loyalität, Regelbefolgung)</li><li>Gewissenhafte Initiative (Anstrengungsbereitschaft, Initiative, persönliche Weiterentwicklung)</li></ul>
Ursachen	Kenntnisse, Fähigkeiten und Fertigkeiten, Erfahrung	Persönlichkeit und Motivation

Die Unterscheidung der Ursachenkomplexe in der letzten Zeile von Tab. 4.1 verdient eine eigene Betrachtung. Sie geht auf Forschungen zu *Kausalmodellen beruflicher Leistung* zurück, die sich u.a. ebenfalls auf Daten aus dem Project A stützen (vgl. Schuler & Marcus, 2004). Dabei zeigte sich wiederholt, dass Fähigkeiten und Persönlichkeitsmerkmale auf kausal unterschiedlichen Wegen die Leistung beeinflussen. Bei differenzierter Betrachtung von Leistungskomponenten scheinen Fähigkeiten und Persönlichkeitseigenschaften außerdem zwei Prädiktorkomplexe darzustellen, denen auf der Kriterienseite unterschiedliche Aspekte des Leistungskonstrukts entsprechen (vgl. Marcus & Schuler, 2006). Dazu gehören neben inhaltlichen Leistungsfacetten auch die bereits in Abschn. 3.2.4 diskutierten situationsspezifischen Varianten der Berufsleistung (z.B. typische vs. maximale Leistung). Vereinfacht lässt sich konstatieren, dass Fähigkeiten und Persönlichkeitsmerkmale sich tendenziell (d.h. nicht etwa ausschließlich), vermittelt auf unterschiedlichen Wegen (Mediatorvariablen), auf unterschiedliche Aspekte der Leistung auswirken. Diese Zusammenhänge zu kennen ist sowohl für die Gestaltung der Personalauswahl (Kap. 3) als auch der Personalentwicklung (Kap. 5) bedeutsam, weil umfassende Interventionen jeweils beide Merkmalsbereiche berücksichtigen bzw. einschließen sollten (s.a. Campbell et al., 1993). Im Überblick sind diese Zusammenhänge in Tab. 4.2 dargestellt.

Tabelle 4.2: Korrespondierende Merkmalsbereiche von Eignung und Leistung

Dispositionen	Fähigkeiten	Persönlichkeitseigenschaften
Mediatoren	Kenntnisse und Fertigkeiten	Motivation, Inhibition von Verhalten
Kriterien (Leistungsbereiche)	• Aufgabenbezogene Leistung • Maximale Leistung • Kurzfristige, instabile Leistung in neuen Tätigkeiten	• Umfeldbezogene Leistung • Typische Leistung • Langfristige, stabile Leistung in gut beherrschten Tätigkeiten

4.1.3 Spezifische Bereiche des Extrarollenverhaltens

Neben dem Project A und einigen anderen Quellen beziehen sich Borman und Motowidlo (1993) bei der Herleitung der umfeldbezogenen Leistung auch explizit auf Konzepte des Extrarollenverhaltens, die in den 1980er Jahren entwickelt wurden. Der Begriff *Extrarollenverhalten* selbst ist noch älter und entstammt der systemtheoretischen Organisationslehre. Er beschreibt Verhaltensweisen, die über die vertraglich festgelegte Mitarbeiterrolle (Intrarollenverhalten) hinaus zum Funktionieren der Organisation beitragen (vgl.

z.B. Nerdinger, 2004). Seit einiger Zeit interessiert sich die Forschung neben funktionalem Extrarollenverhalten verstärkt auch dafür, warum Mitarbeiter sich dysfunktional verhalten, d.h. gewissermaßen aus der Rolle fallen. Eine noch jüngere Forschungsrichtung beschäftigt sich mit (wiederum funktionalem) Verhalten, das zur Performanz in instabilen, sich rasch verändernden Umfeldern beiträgt. Gemeinsam ist all diesen Perspektiven, dass sie nicht nur von der Arbeitsrolle, sondern auch vom individuellen Arbeitsplatz losgelöste Handlungen von generalisierbarer Bedeutung betrachten.

Organizational Citizenship Behavior. Unter den Konzepten funktionaler Bereiche der umfeldbezogenen Leistung hat mit weitem Abstand das *Organizational Citizenship Behavior* (OCB; Organ, 1988) die größte Akzeptanz gefunden (vgl. zu verwandten Konstrukten im Überblick Nerdinger, 2004). OCB bezeichnet freiwillig (d.h. genauer selbstbestimmt) gezeigtes Verhalten, dass die Funktionsfähigkeit der Organisation befördert, durch deren Anreizsystem aber nicht unmittelbar belohnt wird. OCB ist inhaltlich ein mehrdimensionales Konstrukt, das von Organ mehrfach erweitert und redefiniert wurde (zuletzt 1997). In der Literatur dominiert die obige Definition und die inhaltliche Aufgliederung in fünf Facetten:

- *Altruismus:* Hilfsbereitschaft gegenüber Kollegen, Kunden etc.
- *Internalisierte Gewissenhaftigkeit* (generalized compliance): besondere Sorgfalt bei der Erfüllung aller Aufgaben (diese Facette ist erkennbar schwer vom Intrarollenverhalten zu unterscheiden)
- *Arbeitsrelevante Höflichkeit* (courtesy): Absprachen und Rücksichtnahme bei Vorbereitung und Durchführung der Arbeitsaufgaben
- *Sportsgeist* (sportsmanship): Gelassenheit beim Ertragen von Ärgernissen und Verzicht auf Streit wegen alltäglicher Kleinigkeiten
- *Bürgertugenden* (civic virtue): Selbstverständnis als „Bürger" der Organisation und deren Vertretung durch Aktivitäten nach innen und außen

Empirisch ist die angenommene Mehrdimensionalität vermutlich nicht haltbar. LePine, Erez und Johnson (2002) kommen in einer Metananalyse zu dem Ergebnis, dass die Dimensionen untereinander hoch korrelieren (ρ = .40 bis .87) und mit Außenvariablen in sehr ähnlicher Weise zusammenhängen. OCB lässt sich danach eher als generelle Kooperationsbereitschaft beschreiben. Die Korrelationen mit Außenvariablen wie z.B. Arbeitszufriedenheit, Gewissenhaftigkeit oder Unterstützung durch Vorgesetzte waren dabei durchgängig positiv, aber mäßig hoch (ϱ = .20 bis .32). Zu Auswirkungen von OCB auf die Performanz von größeren Arbeitseinheiten liegen bislang erst vereinzelte Befunde vor, die die Bedeutung des Konstrukts jedoch überwiegend stützen (zusammenfassend Nerdinger, 2004). Für das Vorgesetztenurteil spielt OCB nach einer Policy-Capturing-Studie (vgl. Kap. 2) von Rotundo und Sackett (2002) allerdings eine relativ untergeordnete Rolle, gemessen an aufgabenbezogener Leistung und dem als nächstes beschriebenen umfeldbezogenen Konstrukt.

Kontraproduktives Verhalten. Nach Schätzungen, deren genaue Summe nicht immer zuverlässig ist, verlieren Unternehmen jährlich viele Milliarden Euro durch schädigende Verhaltensweisen ihrer Mitarbeiter (vgl. Marcus, 2000). Dazu zählen u.a. Eigentumsdelikte (z.B. Mitarbeiterdiebstahl), unbegründete Fehlzeiten („Blaumachen"), Substanzmissbrauch am Arbeitsplatz sowie das weite Feld aggressiven Verhaltens, das sich gegen Sachen (z.B. Vandalismus) oder Personen (z.B. Mobbing, sexuelle Belästigung, aber auch harmlosere Formen unkollegialen Verhaltens) richten kann. Der inzwischen am weitesten verbreitete Sammelbegriff für diese Handlungen ist *kontraproduktives Verhalten* (counterproductive work behavior; CWB; es gibt auch eine stetig wachsende Zahl mehr oder weniger synonymer Begriffe, s. Nerdinger et al., 2008). Darunter werden allgemein *willentlich* ausgeführte Handlungen (d.h. keine unabsichtlichen Fehler) verstanden, die eine Organisation oder deren Mitarbeiter zumindest potenziell *schädigen*, dabei gegen *legitime Interessen* des Geschädigten verstoßen (die Weigerung, z.B. im Auftrag der Firma Außenstehende zu bestechen, ist also *nicht* kontraproduktiv), wobei nicht unbedingt eine Schädigungsabsicht, aber wohl ein *offensichtliches* Schädigungspotenzial vorliegen muss (z.B. ist bisher geduldetes Verhalten ohne explizite Regeländerung nicht plötzlich kontraproduktiv) (Marcus & Schuler, 2004). Die am meisten untersuchte Annahme zur Binnenstruktur von CWB, die auch einigen Messinstrumenten zugrunde liegt, unterscheidet zwischen organisations- und mitarbeiterschädigendem Verhalten (organizational vs. interpersonal deviance oder auch *CWB-O vs. CWB-I*; Robinson & Bennett, 1995); es gibt in der Literatur aber auch Unterscheidungen zahlreicherer und spezifischerer Facetten von CWB.

CWB-O und CWB-I korrelieren zwar hoch miteinander (ρ = .62), die Unterscheidung ist aber insofern konstruktvalide, als beide Facetten in erwartungskonformer Weise teils unterschiedliche Zusammenhänge mit Außenvariablen zeigen (metaanalytisch Berry, Ones & Sackett, 2007). CWB-I hängt z.B. deutlich stärker (negativ) mit Verträglichkeit zusammen als CWB-O, während sich dieses Muster bei Gewissenhaftigkeit umkehrt. Ferner zeigten sich in einigen Metaanalysen (im Überblick bei Berry et al., 2007) moderat negative Zusammenhänge (etwa zwischen ρ = -.20 und -.40) von CWB mit emotionaler Stabilität, ebenso mit organisationaler Gerechtigkeit, Zufriedenheit und Commitment. Auch mit OCB korreliert CWB nur moderat negativ (ρ = -.32), wobei dieser Zusammenhang bei wirklich überschneidungsfreier Messung noch sinkt (Dalal, 2005). OCB und CWB sind also offenbar nicht, wie manchmal angenommen, entgegengesetzte Pole einer Dimension, sondern verschiedenartige Konstrukte. Eine Studie, die zeigt, dass die in den Metaanalysen berichteten Korrelationen nicht die Obergrenze für die Erklärung von CWB darstellen, wird in Bsp. 4.1 dargestellt. Darin wird auch eines von mehreren Modellen zur Integration der inzwischen sehr zahlreichen, teilweise aber auch redundanten theoretischen Erklärungen für CWB vorgestellt.

Beispiel 4.1: Umfassende Taxonomie und Untersuchung von Erklärungen für CWB

Es gibt eine kaum noch überschaubare Vielfalt von Erklärungsansätzen für CWB, deren Autoren oft aufeinander kaum Bezug nehmen. Marcus und Schuler (2004) haben auf der Grundlage einer generellen Taxonomie zur Einordnung dieser zahlreichen Erklärungen (Marcus, 2001) untersucht, welchen *relativen* Beitrag einige wichtige Prädiktoren dabei leisten. In der Taxonomie werden Erklärungen einerseits danach unterschieden, ob sie die Ursache für CWB in der Arbeitssituation oder in der Person des Mitarbeiters suchen. Andererseits werden Erklärungen dahingehend klassifiziert, ob danach gefragt wird, was Mitarbeiter motiviert, sich kontraproduktiv zu verhalten, oder umgekehrt danach, welche Kontrollmechanismen sie davon abhalten könnten, einem Impuls zu CWB nachzugeben. Aus der Kombination dieser Merkmale ergeben sich vier Klassen von möglichen Ursachen für CWB. Diese sind in der nachfolgenden Abbildung dargestellt, zusammen mit jeweils zwei Beispielen aus der Studie von Marcus und Schuler (insgesamt wurden dort 24 Prädiktoren untersucht).

4.1 Das Konstrukt beruflicher Leistung

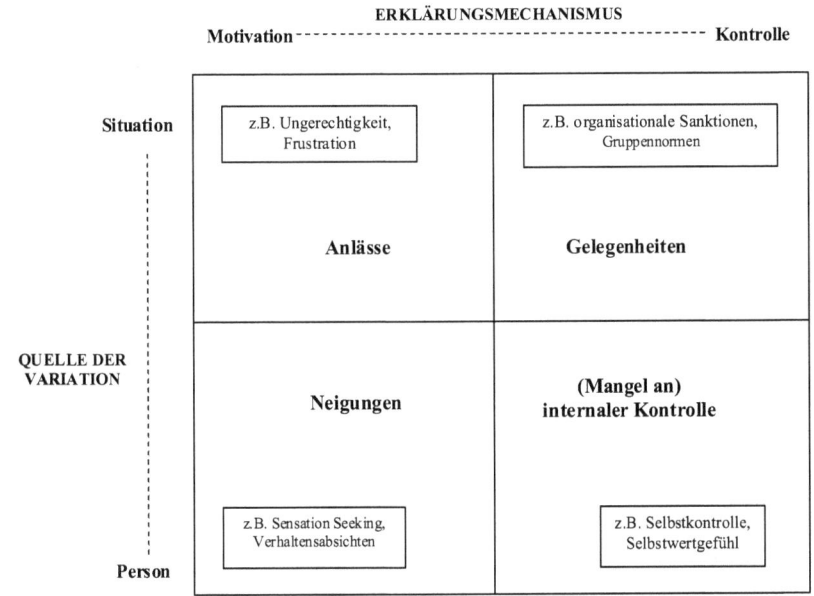

Taxonomie der Erklärungsansätze für CWB (verändert nach Marcus, 2001)

Empirisch zeigte sich, dass Personmerkmale aus dem Bereich der internalen Kontrolle den stärksten Beitrag zur Verhaltenserklärung leisteten, insbesondere das Konstrukt der Selbstkontrolle gemäß der kriminologischen Theorie von Gottfredson und Hirschi (1990). Diese Theorie erklärt normabweichendes Verhalten damit, dass Personen mit geringer Selbstkontrolle die negativen Konsequenzen krimineller und ähnlicher Handlungen (besonders) für sich *selbst* nicht bedenken, weil diese Folgen erst mittel- bis langfristig eintreten, während kriminelles Verhalten unmittelbare Bedürfnisbefriedigung verspricht. Daneben zeigten sich bei Marcus und Schuler (2004) auch Wechselwirkungen zwischen verschiedenen Merkmalsbereichen, so dass die Bedeutung der Selbstkontrolle keineswegs ausschließlich war. Die Autoren plädieren auf der Grundlage der Befunde u.a. dafür, CWB weniger durch rigide Kontrollen als durch Präventivmaßnahmen wie Personalauswahl (z.B. mittels Integrity Tests, s. Kap. 3) zu verhindern.

Adaptive und proaktive Leistung. In jüngerer Zeit wurden verschiedene Konstrukte beschrieben, mit denen die Leistung in der durch Instabilität gekennzeichneten modernen Arbeitswelt erfasst werden soll. Besondere Aufmerksamkeit hat dabei das Konzept der *adaptiven Leistung* (Pulakos, Arad, Donovan & Plamondon, 2000) gefunden. Auf der Grundlage umfangreicher Anforderungsanalysen entwickelten die Autoren acht spezifische Dimensionen der Anpassungsfähigkeit im Beruf (u.a. Kreativität, Unsicherheitstoleranz, Lernmotivation, interkulturelle Anpassung). Trotz hoher Interkorrelation der Facetten fand sich faktorenanalytisch erste Bestätigung für die Konstruktvalidität dieser Struktur. Teilweise noch jüngeren Datums sind einige verwandte Konzepte der sog. *proaktiven Leistung*, womit die Antizipation von Entwicklungen in der Zukunft und deren Gestaltung aus eigener Initiative gemeint ist (z.B. Griffin, Neal & Parker, 2007; s. dort auch für einen Überblick über neuere Leistungskonzepte). Diese Konzepte, die in erster Linie als Reaktion auf den Wandel der Arbeitswelt entstanden sind, sind in ihrer Bedeutung aber bislang erst in Ansätzen erforscht.

4.2 Personalbeurteilung

4.2.1 Funktionen der Personalbeurteilung

Während das Leistungskonstrukt bislang aus vorwiegend theoretischer Sicht betrachtet wurde, geht es nun um die praktische betriebliche Funktion der Leistungs- bzw. Personalbeurteilung. Die Wissenschaft hat dieses Thema lange vorwiegend als ein Messproblem angesehen. In der jüngeren Literatur setzt sich dagegen zunehmend die Auffassung durch, dass Leistungsbeurteilung in Organisationen ein (auch) politisches Instrument der Interaktion darstellt, das nicht ohne Berücksichtigung der damit implizit und explizit verfolgten Ziele sowie möglicher Erwartungen und ggf. auch Ängste verstanden werden kann (z.B. Murphy & Cleveland, 1995). Eine Schlüsselrolle spielen dabei die Zwecke der Beurteilung. Auf der Grundlage konfirmatorischer Faktorenanalysen ordneten Cleveland, Murphy und Williams (1989) die Funktionen der Leistungsbeurteilung vier Kategorien zu:

4.2 Personalbeurteilung

- *Interpersonale Entscheidungen:* z.B. Entgeltfindung, Beförderung, Kündigung aus Leistungsgründen
- *Intrapersonale Entscheidungen*: z.B. Feedback, Verhaltenssteuerung, Beratung, Stärken-/Schwächenanalyse für Personalentwicklungsmaßnahmen
- *Systemerhaltung:* z.B. Personalplanung, Planung von Personalentwicklungsbedarf, Evaluation der Zielerreichung
- *Dokumentation*: z.B. Begründung von Personalentscheidungen, Kriterien zur Validierung von Personalauswahl und -entwicklung

Auch wenn die formale Leistungsbeurteilung von Beurteilern wie Beurteilten als unangenehm empfunden wird, ist die Einschätzung der Leistung als solche ohne Alternativen. Die oben aufgeführten Funktionen in der Personalarbeit können in vielen Fällen sinnvoll nur auf der Grundlage von Leistungsurteilen erfüllt werden. Allerdings erfordert dies nicht zwingend ein formales Beurteilungssystem. Ein Großteil des Unbehagens der Beteiligten dürfte daher rühren, dass in der Praxis häufig inkompatible Zwecke mit ein und demselben Beurteilungssystem verfolgt werden. In der Taxonomie von Cleveland et al. (1989) gilt dies insbesondere für die Bereiche interpersonaler und intrapersonaler Entscheidungen, die in ihrer Studie von ca. 70% der befragten Firmen mit demselben System verfolgt wurden. Interpersonale Zwecke (oft auch „administrativ" genannt) richten sich auf die Verteilung knapper Güter (Geld, Karriereoptionen) im Wettbewerb der Mitarbeiter. Dies erfordert in erster Linie intersubjektive Vergleichbarkeit, Transparenz, Fairness und nachvollziehbare Standards, die sich letztlich an einem Kriterium der Gesamtleistung ausrichten müssen. Dies ist am ehesten durch relativ hoch formalisierte und standardisierte Systeme der *Regelbeurteilung* zu erreichen. Individuelle Förderung und Verhaltenssteuerung verlangen dagegen ausführliches Eingehen auf den Einzelfall, die Analyse individueller Stärken und Schwächen, unmittelbares Feedback sowie die Bereitschaft, offen auch individuelle Schwächen einzugestehen und zu diskutieren. Dies ist für die längerfristige Laufbahnplanung eher durch punktuelle, aber tiefer gehende Einzelfalldiagnostik (*Potenzialanalyse*) zu begründen, für die Verhaltenssteuerung durch unmittelbares, wenig formalisiertes *Day-to-Day-Feedback* (vgl. Marcus & Schuler, 2006). In den folgenden Abschnitten wird es v.a. um Gestaltungsparameter formaler Beurteilungen gehen, dabei aber immer wieder auf die Zweckgebundenheit zurückzukommen sein.

4.2.2 Maßstäbe der Urteilsqualität („Kriterien für Kriterien")

Eine Hauptschwierigkeit bei der Evaluation von Beurteilungen liegt darin, dass Leistung zwar das zentrale Kriterium für die Bewertung anderer personalpsychologischer Maßnahmen darstellt, sich damit aber die Frage stellt, woran dann die Qualität dieser Leistungsmessung selbst gemessen werden soll. Nach der Logik der kriterienbezogenen Validierung müssten dafür wieder andere Außenkriterien herangezogen werden. Wenn es dafür geeignete Kriterien aber gäbe, könnte man sie gleich anstelle der eigentlichen Leistungsmessung verwenden, und man müsste sich außerdem fragen, woran deren Qualität wiederum gemessen werden soll. Diese Überlegungen führen offensichtlich in einen unendlichen Regress – ein Dilemma, das in der Literatur unter dem Stichwort *Kriterienproblem* bekannt ist und zu der Suche nach alternativen (Güte-) Kriterien für (Leistungs-) Kriterien geführt hat (s. z.B. Borman, 1991). Es gibt in der Literatur unterschiedliche Vorschläge zur Strukturierung dieser Gütekriterien. Marcus und Schuler (2006) bspw. unterscheiden zwischen den eher „technischen" Maßstäben, zu denen die klassischen *psychometrischen Gütekriterien*, die sog. *Urteilstendenzen* und die *Akkuratheit* gehören, sowie den eher „untechnischen" oder praktischen *Verwendungskriterien*.

Psychometrische Gütekriterien. Die logische Schwierigkeit bei der Bestimmung der *kriterienbezogenen Validität* wurde eben bereits verdeutlicht. Aber auch das relativ unkomplizierte Gütekriterium der *Reliabilität* stößt in der Leistungsbeurteilung auf Schwierigkeiten. Maße der internen Konsistenz (z.B. Cronbach Alpha) beruhen auf der Annahme der Homogenität, was nach theoretischen Überlegungen (Abschn. 4.1) nur für einzelne Dimensionen, aber nicht für die Gesamtleistung vertretbar scheint. Einzelne Facetten werden in der Praxis aber oft mit nur einem Item erfasst, was die Berechnung der internen Konsistenz unmöglich macht. Die Retest-Reliabilität setzt Merkmalsstabilität voraus, was angesichts des Umstands, dass Leistungsverbesserungen explizites Ziel des HR-Managements sind, ebenfalls konzeptionell zumindest fragwürdig ist. Dennoch sind Leistungsbeurteilungen

4.2 Personalbeurteilung

durch Vorgesetzte mit im Mittel r_{tt} = .81 zeitlich erstaunlich stabil (metaanalytisch Viswesvaran, Ones & Schmidt, 1996), wobei unklar bleibt, inwieweit dieser Wert wahre oder lediglich wahrgenommene Stabilität widerspiegelt. Häufiger wird die Reliabilität dagegen an der Beurteilerübereinstimmung gemessen, die sich als Reliabilitätsmaß dann eignet, wenn die Beurteiler über vergleichbare Informationsgrundlagen verfügen (z.B. zwei Kollegen aus derselben Arbeitsgruppe). Beurteilungen aus unterschiedlichen Quellen (z.B. Vorgesetzten- mit Selbstbeurteilung, s.u.) werden dagegen häufig als Maß der *Konstruktvalidität* bewertet. Daneben wird eine Vielzahl weiterer Befunde (überspitzt gesagt: fast jeder Befund) als Hinweis auf die Konstruktvalidität interpretiert, deren Diskussion den Rahmen dieses Textes sprengen würde (vgl. z.B. Murphy & Cleveland, 1995). Die Sicherstellung der *Inhaltsvalidität* sollte im Regelfall durch die anforderungsanalytische Fundierung erfolgen (vgl. Kap. 1 und 3).

Urteilstendenzen. Aufgrund der Schwierigkeiten bei der Bestimmung psychometrischer Gütekriterien wurde lange Zeit die (relative) Freiheit von sog. Urteilstendenzen quasi als Ersatzmaßstab zur Evaluation und wesentliches Ziel bei der Konstruktion von Beurteilungsverfahren herangezogen. Diesen Stellenwert haben Urteilstendenzen (verstanden als Urteilsfehler) aufgrund von Erkenntnissen der Forschung zum Urteilsprozess (s. Exkurs 4.1) heute nicht mehr. Dennoch sollten die Konzepte hinter den wichtigsten Urteilstendenzen bekannt sein, schon weil sie in der Praxis teils noch immer als Fehler (fehl-)interpretiert werden dürften. In Analogie zu grundlegenden statistischen Kennwerten lassen sich drei Klassen von Urteilstendenzen unterscheiden. Der Begriff *Mittelwertstendenzen* bezieht sich darauf, dass der Mittelwert der Urteilsverteilung im Verhältnis zu einem statistischen Ideal (i.d.R. der Mittelpunkt der Beurteilungsskala) nach oben oder unten verschoben ist. Im ersten Fall spricht man von der Mildetendenz (leniency), im zweiten von der Strengetendenz (severity). Bei administrativen Anwendungen treten verstärkt Mildeeffekte auf (Jawahar & Williams, 1997). Die „Tendenz zur Mitte" der Verteilung (central tendency) ist dagegen *keine* Mittelwertstendenz, sondern ein Beispiel für eine *Streuungstendenz*, weil hier die Streuung der Urteile dadurch eingeschränkt ist, dass die äußeren Bereiche der Skala kaum genutzt werden (umgekehrt ist auch eine Bevorzugung der Extreme möglich). Abb. 4.2 illustriert die genannten Tendenzen schematisch im Vergleich zu einer hypothetischen Normalverteilung.

Mittelwerts- und Streuungstendenzen treten oft zusammen auf, weil die Mittelswertsverschiebung mit der Vernachlässigung eines Skalenpols verbunden ist.

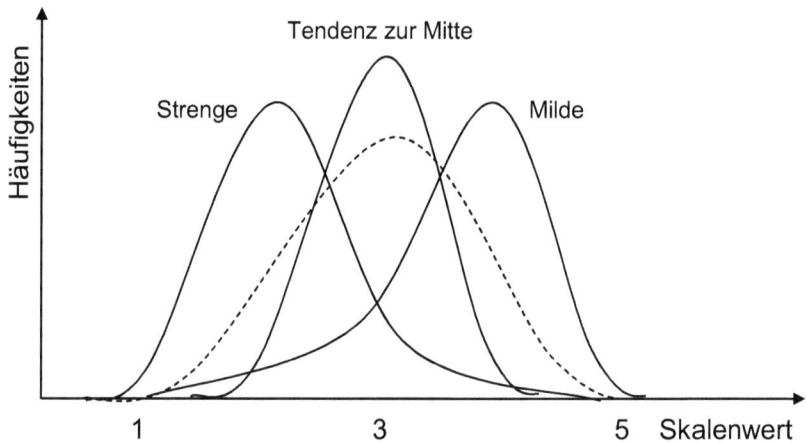

Abbildung 4.2: Idealtypische Effekte von Mittelwerts- und Streuungstendenzen

Eine dritte Klasse stellen *Korrelationstendenzen* dar, die sich auf die Interkorrelation der beurteilten Leistungsdimensionen auswirken. Angenommen wurde traditionell eine Überschätzung der Zusammenhänge durch die Überstrahlung (*Halo*) der Leistungsfacetten durch ein Globalurteil. Auch diese Annahme ist nach der neueren Forschung zu relativieren (zusammenfassend Marcus & Schuler, 2006). Bis zu einer gewissen Höhe korrelieren Leistungsfacetten untereinander tatsächlich positiv („true halo"), so dass nur die darüber hinausgehende Kovariation der Urteile als Fehler aufgefasst werden kann („illusory halo"). Zwar überschätzen Beurteiler die Interkorrelation der Leistungsfacetten im Mittel wohl tatsächlich (Viswesvaran et al., 2005), im Einzelfall kann es aber auch zu Unterschätzungen kommen. Eine grundsätzliche Neubewertung der Urteilstendenzen ergab sich durch die in Exkurs 4.1 vorgestellten Forschungen.

Die bisher diskutierte Einteilung bezieht sich auf statistische Effekte. Womöglich ist es aber noch wichtiger zu verstehen, ob Urteilstendenzen unwillkürlich (z.B. durch Sympathie, kognitive Verzerrung) oder absichtsvoll entstehen. So könnte z.B. eine Vorgesetzte ihre Mitarbeiterin gegen ihre Überzeugung positiv einschätzen, um sie zu motivieren oder um die Stimmung im Team nicht zu belasten, aber auch, um sich um eine unangenehme Pflicht zu drücken oder um selbst als gute Führungskraft dazustehen. Je nachdem könnten solche politischen oder *strategischen Urteilsverzerrungen* funktional oder dysfunktional sein, wobei dieses Thema bislang allenfalls in Ansätzen erforscht ist (vgl. zum sozialen Kontext von Beurteilungen allgemein Murphy & Cleveland, 1995; Levy & Williams, 2004).

Exkurs 4.1: Beurteilungen als Informationsverarbeitungsprozess

Der als „kognitive Wende" bekannte Paradigmenwechsel in der Psychologie bewirkte in den 1980ern eine Verschiebung der Perspektive in der Leistungsbeurteilungsforschung von der psychometrischen Untersuchung von Skalenformaten hin zur experimentellen Analyse des Urteilsprozesses. Es wurde eine Reihe von teils recht komplexen Modellen aufgestellt, die (vereinfacht) mehrere Phasen der Informationsverarbeitung spezifizieren, in denen Beurteiler ein durch eine Reihe kognitiver Vereinfachungen (Schemata, Prototypen etc.) gefiltertes Bild der Realität entwerfen (vgl. einführend z.B. Murphy & Cleveland, 1995). Effekte solcher Konstrukte wurden fast ausschließlich im Labor untersucht, weil sich hier durch standardisierte Beurteilungssituationen (sog. Vignetten) „wahre" bzw. genau zutreffende Beurteilungen zumindest annähern lassen. Diese werden benötigt, um Abweichungen vom wahren Wert berechnen zu können (s.u. Akkuratheit). An dieser laborexperimentellen Forschungsrichtung wurde insbesondere kritisiert, dass die externe Validität der Befunde zweifelhaft sei und dass sie wenig zur Lösung von Problemen der Leistungsbeurteilung beigetragen habe (Murphy & Cleveland, 1995). Sie hat jedoch einiges dazu beigetragen, diese Probleme zu verdeutlichen. Dazu zählt die Erkenntnis, dass es praktisch keinen nennenswerten Zusammenhang zwischen den oben geschilderten Urteilstendenzen und der Akkuratheit der Urteile gibt (im Mittel $r = -.05$), wobei sich Halo, besonders bei der Rangreihenbildung für interpersonale Entscheidungen, teils sogar *positiv* auf die Urteilsgenauigkeit auswirkt (Murphy & Balzer, 1989). Eine weitere generelle Erkenntnis ist, dass der Zweck der Beurteilung den gesamten Urteilsprozess beeinflusst. Anhand dessen Phasen lassen sich in stark gerafter Form auch einige spezifische Befunde darstellen (vgl. Schuler & Marcus, 2004):

Beobachtung und Informationssuche: Bedeutsame und ungewöhnliche Situationen werden aufmerksamer beobachtet, ungewöhnliches Verhalten dabei eher external-situativ attribuiert als erwartungskonsistentes Verhalten.

Enkodierung: Evaluation findet bereits bei der Enkodierung und nicht erst am Ende des Urteilsprozesses statt; Verhalten wird eher retrograd aus globalen Evaluationen erschlossen als umgekehrt, wobei erfahrene und intelligente Beurteiler differenzierter und weniger schematisch enkodieren.

Speicherung und Abruf: Die Genauigkeit der Speicherung verbessert sich, wenn der Zweck der Beurteilung vorher bekannt ist und jedes Gruppenmitglied individuell beurteilt werden soll (gegenüber Nominierung der Besten). Verhaltensverankerung der Urteilsskalen kann Verhalten suggerieren, das gar nicht stattgefunden hat.

Integration und Wiedergabe: Bei mehr als einem Tag zwischen Verhalten und Urteilsabgabe nimmt die Genauigkeit bereits ab. Urteile über eine bestimmte Periode werden durch das Verhalten vor und nach dieser Zeitspanne beeinflusst, wobei frühere Leistung den Unterschied zur Beurteilung eher vergrößert (Kontrasteffekt), spätere Beobachtungen diesen Unterschied eher verkleinern (Assimilationseffekt).

Akkuratheit. Im Gegensatz zu den psychometrischen Gütekriterien (s.o.) ist Akkuratheit ein Konzept, das auf den Fall der Leistungsbeurteilung in der Grundidee zugeschnitten ist. Es geht dabei um die Genauigkeit der Urteile eines einzelnen Beurteilers, normalerweise negativ definiert als Abweichung von einem wahren Wert. Akkuratheit ist also ein Maß der (durchschnittlichen) Urteilsqualität eines bestimmten Beurteilers. Konzeptionell ist dies zur Einschätzung der „technischen" Urteilsqualität ein nahezu idealer Maßstab. Die Hauptschwierigkeit liegt aber offensichtlich darin, dass der wahre Wert normalerweise unbekannt ist; er lässt sich bislang eigentlich nur im Labor mit hinreichender Präzision annähern (vgl. Exkurs 4.1). Mathematisch ist das Konzept dagegen präzise definiert, wenn auch etwas komplizierter als die Grundidee erahnen lässt (Cronbach, 1955). Cronbach spezifiziert vier Facetten der Akkuratheit, die in globalen Abweichungsmaßen normalerweise konfundiert sind und untereinander keineswegs substanziell zusammenhängen (vgl. Schuler & Marcus, 2004). Eingeschätzt werden jeweils *mehrere* Beurteilte auf *mehreren* Dimensionen durch *einen* Beurteiler; die Bedeutung der Komponenten variiert wieder mit dem Zweck der Beurteilung:

4.2 Personalbeurteilung

- *Elevation:* globales Maß der Abweichung von den wahren Werten, über alle Beurteilten und Dimensionen gemittelt
- *Differential elevation*: beurteiltenspezifische Ungenauigkeit, gemittelt je Beurteiltem über alle Dimensionen (wichtig besonders für interpersonale Entscheidungen)
- *Stereotype accuracy:* merkmalsspezifische (Un-)Genauigkeit, gemittelt je Dimension über alle Beurteilten
- *Differential accuracy*: Genauigkeit bei der Identifikation individueller Stärken und Schwächen, nachdem globale Merkmals- und Beurteilteneffekte eliminiert wurden (wichtig besonders für intrapersonale Entscheidungen)

Verwendungskriterien. Von nicht geringerer Bedeutung als die Messqualität sind Kriterien der praktischen Verwendung von Leistungsbeurteilungen, weil sich daran oft entscheidet, ob Anwender mit einem System überhaupt zurechtkommen und wie sie es verwenden. Allerdings sind Verwendungskriterien nicht immer leicht zu quantifizieren. Am ehesten gelingt dies noch für den *Nutzen,* der sich an Leistungssteigerungen durch die Einführung eines Beurteilungssystems bemessen lässt (vgl. Abschn. 3.3.2). Auf der Grundlage mehrerer Überblicksarbeiten schätzen Schuler und Marcus (2004) den Leistungsgewinn durch systematische Beurteilung auf im Mittel 17%, was einem Geldbetrag von über US$ 10.000 pro Jahr und Mitarbeiter entsprechen würde. Dem stehen allerdings auch mögliche Schäden durch mangelnde *Akzeptanz* und *psychische Belastung* der Beteiligten gegenüber, die bei bestimmten Varianten erheblich sein können. Einzelne Beurteilungsverfahren unterscheiden sich deutlich in ihrer Akzeptanz (s. Abschn. 4.2.4), was neben deren psychometrischer Qualität zu beachten ist. Allgemein dürften Erkenntnisse der eignungsdiagnostischen Akzeptanzforschung (z.B. zur prozeduralen Gerechtigkeit, s. Abschn. 3.4.1; s.a. Schuler & Marcus, 2004) auch auf die Leistungsbeurteilung übertragbar sein. Allerdings sind bei Beurteilungen die Reaktionen von Beurteilten *und* Beurteilern zu berücksichtigen. Ein weiteres ggf. entscheidendes Kriterium ist die *Praktikabilität*. Beurteilungssysteme können allein daran scheitern, dass ihre Durchführung als zu schwierig oder zeitaufwändig empfunden wird (ein Beispiel ist die CIT, deren ursprüngliche Verwendung als Beurteilungssystem trotz positiver

Evaluation am Aufwand für das Führen von Tagebüchern scheiterte, Flanagan, 1954).

4.2.3 Quellen der Beurteilung

Objektive Indikatoren. Leistung lässt sich prinzipiell durch *subjektive* Urteile erfassen oder *objektiv* durch vom Beurteiler unabhängige Indikatoren. Obwohl die Begriffe „objektiv" und „Ergebniskriterien" (Abschn. 4.1.1) nicht deckungsgleich sind (Letzteres bezieht sich auf den Gegenstand der Beurteilung), ergibt sich eine erhebliche Schnittmenge. Objektive Kriterien sind oft berufsspezifisch (z.B. Verkaufszahlen bei Verkäufern, Produktionsausstoß bei Akkordarbeitern, Zitationsanalysen bei Wissenschaftlern etc.), es gibt jedoch auch eher generalisierbare Beispiele (z.B. Anwesenheitsraten). Der Hauptvorzug objektiver Maße liegt offensichtlich in ihrer Freiheit von bewussten oder unbewussten Urteilsverzerrungen. Dies macht sie gerade für interpersonale Entscheidungen oft besser akzeptabel und entlastet damit Beurteiler von einer potenziell besonders unangenehmen Aufgabe. Erkauft wird dies durch erhebliche Defizienz- und Kontaminationsprobleme (s. Abschn. 4.1.1) sowie durch die zwischen verschiedenen Stellen oft sehr geringe Vergleichbarkeit. Paradoxerweise sind objektive Kriterien deshalb für viele interpersonale Entscheidungen eigentlich wenig geeignet, obwohl sie dafür gut akzeptiert werden. Hinzu kommt, dass sich für viele Berufe schlicht kaum relevante objektive Leistungsmaße finden lassen. Für Computerarbeitsplätze hat sich dies insofern etwas relativiert als mit dem *Electronic Performance Monitoring* (EPM) ein Instrument zur Verfügung steht, das über die minutiöse Aufzeichnung von Tastenbewegungen eine praktisch lückenlose Leistungskontrolle ermöglicht. Weil dies nachweislich erheblichen Stress auslöst (z.B. Aiello & Kolb, 1995), ist EPM aber selbst in seinem Herkunftsland USA hochgradig umstritten. Im Mittel korrelieren objektive Maße mit Beurteilungen etwa zu $r = .40$ (Bommer, Johnson, Rich, Podsakoff & MacKenzie, 1995). Sie können Beurteilungen ergänzen, aber kaum vollwertig ersetzen.

Subjektive Quellen. Menschliche Beurteiler können zumindest prinzipiell auch äußere Umstände in ihren Urteilen berücksichtigen, um eine mögliche Kontamination auszugleichen. Trotzdem gibt es Hinweise, dass

4.2 Personalbeurteilung

subjektive Beurteilungen sogar stärker kontaminiert sein können als objektive Indikatoren (Steel & Mento, 1986). Unter dem Gesichtspunkt der Defizienz gibt es allerdings oft keine Alternative zur Beurteilung, weil sich ein Großteil beruflichen Verhaltens nicht unmittelbar in direkt beobachtbaren Ergebnissen niederschlägt. Die weitaus größte Rolle spielen dabei *Vorgesetztenbeurteilungen*. Mitarbeiter zu beurteilen ist Teil der legitimen Vorgesetztenrolle, was die Akzeptanz auf beiden Seiten fördert (vgl. Murphy & Cleveland, 1995). Darüber hinaus gibt es auch starke Evidenz, dass Vorgesetzte nach psychometrischen Kriterien im Mittel die beste einzelne Urteilsquelle sind. Zwar liegt die Interraterreliabilität, auf den einzelnen Beurteiler heruntergerechnet, lediglich bei r_{tt} = .52, aber damit immer noch deutlich über der anderer Einzelurteile (Viswesvaran et al., 1996). Auch mit anderen Urteilsquellen und mit objektiven Indikatoren korrelieren Vorgesetztenbeurteilungen höher als andere Einzelurteile (im Überblick Schuler & Marcus, 2004). Es wird allerdings auch eine Reihe spezifischer Probleme von Vorgesetztenurteilen diskutiert, die seitens der Vorgesetzten u.a. die oben angesprochenen Sympathieeffekte und mikropolitischen Erwägungen betreffen, seitens der Beurteilten die bewusste Eindruckssteuerung (impression management), was z.B. dazu führen könnte, dass Vorgesetzte vorwiegend maximale Leistung beobachten (s. Abschn. 3.2.4). Im Zuge des Wandels der Arbeitswelt mit flacheren Hierarchien wächst zudem die Schwierigkeit für Vorgesetzte, sich ein Urteil über die Leistung jedes einzelnen Mitarbeiters zu bilden (vgl. Marcus & Schuler, 2006).

Dies alles können Gründe sein, neben (*nicht* anstelle von) Vorgesetzten auch andere Quellen ergänzend zu berücksichtigen. Potenziell haben Kollegen bzw. *Gleichgestellte* eher Gelegenheit, auch typische Leistung zu beobachten, und sie besitzen außerdem allein durch die größere Zahl im Aggregat Reliabilitätsvorteile (im Einzelurteil mit r_{tt} = .42 aber nicht, Viswesvaran et al., 1996). Für Entwicklungszwecke und Feedback werden Kollegen als Quelle auch gut akzeptiert, für interpersonale Entscheidungen stellen die mangelnde formale Legitimität und mögliche Rollenkonflikte („Kumpel", „Konkurrent", „Richter") die Gleichgestelltenbeurteilung dagegen vor gravierende Akzeptanzprobleme. Dies gilt in noch verstärktem Maße für Beurteilungen durch unterstellte *Mitarbeiter* („Beurteilung von unten"). Für die Führungskräfteentwicklung und auch für die Forschung zur Führungseffektivität stellen die Mitarbeiter zweifellos eine wichtige Quelle mit eigener Einsicht und Perspektive dar. Aufgrund des Abhängigkeitsverhältnisses ist die Wahrung der Anonymität des einzelnen Beurteilers dabei aber unabdingbar. Unter psychometrischen Gesichtspunkten rangieren Mitarbeiter eher noch hinter Kollegenbeurteilungen (zusammenfassend Schuler & Marcus, 2004). Eventuell kommen auch externe Quellen außerhalb der unmittelbaren Arbeitsgruppe in Betracht (*Vorgesetzte höherer Hierarchieebenen*, je nach Berufsgruppe auch *Kunden*, Geschäftspartner, Studierende usw.), bei denen meist weniger mikropolitische Verzerrungen zu erwarten sind, dafür aber um so größere Defizienzprobleme, da sie allenfalls kleine Leistungsausschnitte beobachten können.

Eine Quelle, die eine eigene Betrachtung verdient, ist der beurteilte Mitarbeiter selbst. *Selbstbeurteilungen* sind in den Sozialwissenschaften wahrscheinlich die häufigste Urteilsquelle überhaupt, in der Leistungsbeurteilung kommen sie dagegen für administrative Entscheidungen aufgrund offensichtlicher Interessenkonflikte als alleiniges Kriterium selten in Betracht. Da viele Ereignisse und psychologische Prozesse allein dem Selbst zugänglich sind, stellen Selbstbeurteilungen für bestimmte Zwecke aber eine sehr erwägenswerte Ergänzung dar. Den Schwerpunkt bildet dabei sicher der Vergleich zwischen Selbst- und Fremdurteil für intrapersonale Zwecke wie Entwicklung und Verhaltenssteuerung. Im Mittel fallen Selbstbeurteilungen erwartungsgemäß milder aus als Fremdurteile (der Effekt ist im Mittel mit d = .35 aber nur moderat und wird zudem durch einige Faktoren moderiert; vgl. Moser, 2004) und ihre Streuung ist noch stärker eingeschränkt, dafür sind sie aber differenzierter (weniger Halo; im Überblick Moser, 2004). Ein Hinweis darauf, dass Selbstbeurteilungen tatsächlich eine eigene Perspektive beitragen, ist der Befund, dass sie mit Fremdurteilen verschiedener Quellen deutlich geringer korrelieren als diese untereinander. Conway und Huffcutt (1997) berichten für Fremdbeurteilungen unterschiedlicher Quellen metaanalytisch bereinigte Zusammenhänge von ρ = .57 bis .79, zwischen Selbst- und Fremdurteilen dagegen von ρ = .26 bis .31. In dem nachfolgenden Exkurs wird ein Verfahren vorgestellt, das auf der Idee beruht, die Perspektiven von Selbst- und Fremdbeurteilungen unterschiedlicher Quellen zu integrieren.

4.2 Personalbeurteilung

Exkurs 4.2: 360-Grad-Beurteilungen

Der Grundgedanke der 360-Grad-Beurteilung ist ebenso einfach wie einleuchtend, was sicher zu dem anhaltenden Boom dieses Instruments beigetragen hat (vgl. im Überblick Schuler & Marcus, 2004). Beurteilungen werden aus unterschiedlichen Perspektiven und Hierarchieebenen erhoben (s. nachfolgende Abb.; einzelne Quellen können ggf. entfallen) und der beurteilten Führungskraft zurückgemeldet, so dass ein Vergleich mit deren Selbstbeurteilung erfolgen kann. Dies soll einerseits durch die Verbreiterung der Urteilsbasis zum Fehlerausgleich beitragen, andererseits durch den Vergleich mit Selbsturteilen über verschiedene Dimensionen sowohl ein Korrektiv der Selbstwahrnehmung als auch eine Analyse individueller Stärken und Schwächen ermöglichen. Letzteres erfordert allerdings die Erhebung bei verschiedenen Urteilsquellen mit standardisierten Instrumenten auf einheitlichen Dimensionen, was der Idee, dass verschiedene Beurteiler unterschiedliches Verhalten beobachten, teilweise widerspricht. Ursprünglich sollen diese „Rundumbeurteilungen" dem intrapersonalen Zweck des Feedback in der Führungskräfteentwicklung dienen (daher auch alternative Begriffe wie multi-source/-rater feedback).

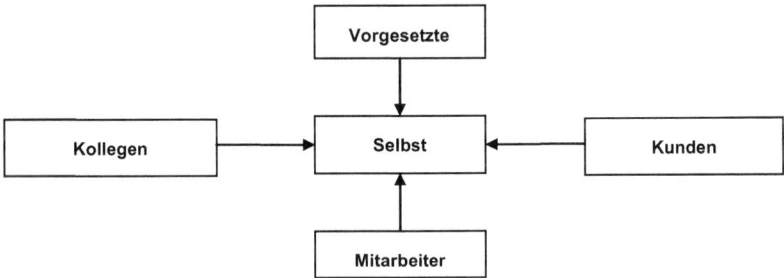

Angesichts hoher Erwartungen und des erheblichen Aufwands, der für 360-Grad-Beurteilungen getrieben werden muss, sind die Befunde zur Evaluation des Verfahrens eher ernüchternd. In einer Zusammenfassung von 24 Längsschnittstudien fanden Smither, London und Reilly (2005) eine mittlere Leistungssteigerung von gerade einmal $d = .15$, die zudem im Zeitverlauf abnimmt. Eine Reihe spezifischer Befunde aus Einzelstudien (im Überblick Schuler & Marcus, 2004) deutet mögliche Gründe für den bescheidenen Erfolg des Instruments an (vgl. auch Smither et al., 2005). So scheint die größte Quelle der Urteilsvarianz weder die individuelle Leistung (obwohl diese durchaus eine Rolle spielt) noch die für die Art der Quelle spezifische Perspektive zu sein, sondern der einzelne individuelle Beurteiler. Außerdem kann es in Einzelfällen auch zur Leistungsverschlechterung in der Folge des Feedback kommen, insbesondere dann, wenn die Fremdurteile höher ausfallen als das Selbsturteil (sog. underrater). Insgesamt ist das Instrument (wie überhaupt Beurteilungen, die nicht von Vorgesetzten stammen) dann besonders kritisch zu bewerten, wenn es entgegen der ursprünglichen Intention für administrative Zwecke eingesetzt wird. Gestaltungshinweise für 360-Grad-Beurteilungen gibt z.B. Scherm (2004).

4.2.4 Beurteilungsverfahren

Zur Gestaltung des eigentlichen Erhebungsverfahrens existiert eine sehr umfangreiche Literatur, zu der allerdings in den letzten Jahren nur noch wenig neue Beiträge hinzugekommen sind (deshalb zum Thema noch immer weitgehend aktuell und umfassend: Bernardin & Beatty, 1984). Prinzipiell lassen sich Beurteilungen auch in qualitativer Form als *freie Eindrucksschilderung* abgeben, was für Entwicklungs- und Beratungszwecke durchaus sinnvoll sein kann, aber dann auch mündlich erfolgen kann. Für administrative Entscheidungen mangelt es freien Beurteilungen an der notwendigen Vergleichbarkeit, weshalb hier auf standardisierte *Urteilsskalen* zurückgegriffen wird. Im Folgenden werden deren grundsätzliche Varianten *Einstufungsverfahren*, *Auswahlverfahren* und *Rangordnungsverfahren* vorgestellt, deren Bezeichnungen sich auf das Antwortformat beziehen. Die Konstruktion einzelner Urteilsskalen ist methodisch recht komplex und kann hier allenfalls angedeutet werden (vgl. Bernardin & Beatty, 1984; knapper Marcus & Schuler, 2006). Eine Sonderstellung nehmen in diesem Zusammenhang *zielsetzungsorientierte Verfahren* ein, bei denen der Leistungsstand an der Erreichung zuvor festgelegter Ziele gemessen wird. Dabei handelt es sich jedoch um Instrumente des Personalmanagement, in denen die Leistungsmessung nur ein Element in einem umfassenden Ansatz zur strategischen Steuerung, Motivation und Leistungsförderung darstellt und die deshalb eher im Kontext der Organisationsentwicklung zu betrachten sind. In diese Kategorie gehören u.a. das *Management by Objectives* (MbO, Odiorne, 1965), ein zyklisches System aus Zielvereinbarung, Aktionsplan zur Umsetzung der Ziele

4.2 Personalbeurteilung

und regelmäßiger Fortschrittskontrolle, ferner das auf einzelne Arbeitsgruppen zugeschnittene *Partizipative Produktivitätsmanagement* (PPM; einführend K.-H. Schmidt, 2004) sowie die *Balanced Scorecard* (BSC; z.B. Sodenkamp, 2004), bei der es sich im Prinzip um ein Verfahren zur Einbeziehung der Humanressourcen in die betriebswirtschaftlichen Kennzahlensysteme zur strategischen Unternehmensführung handelt.

Einstufungsverfahren. Am weitaus häufigsten werden Beurteilungen mittels Einstufungs- oder Ratingskalen erhoben. Dabei wird die Ausprägung von Leistungsmerkmalen, die im Itemstamm spezifiziert sind, durch Ankreuzen auf einer mehrstufigen Skala eingeschätzt. Dieses einfache, aus zahllosen Anwendungen vertraute Prinzip kann hinsichtlich des Inhalts der beurteilten Merkmale, der Gestaltung des Antwortformats und des Konstruktionsprinzips vielfältig variiert werden. Die einfachste Form ist die *Grafische Einstufungsskala*, der kein besonderes Konstruktionsverfahren zugrunde liegt, und bei der häufig einfach intuitiv generierte Merkmalslisten vorgegeben werden, die nicht selten in Eigenschaftsbegriffen formuliert sind (Zuverlässigkeit, Belastbarkeit etc.). Dies lässt Raum für alle Arten von Urteilstendenzen und erschwert Verbesserungen während des Konstruktionsprozesses erheblich. Ratingskalen, die auf formalen Skalierungsverfahren beruhen, sind dagegen sehr aufwändig zu konstruieren (s. zum Folgenden einschließlich Quellenangaben der Originalliteratur Marcus & Schuler, 2006). So beruht z.B. die *Verhaltensverankerte Einstufungsskala* (Behaviorally Anchored Rating Scale, BARS) auf einem mehrstufigen Prozess, bei dem mehrere Gruppen von Berufsexperten unabhängig voneinander mittels CIT Verhaltensbeispiele für unterschiedliche Leistungsausprägungen generieren, diese den durch allgemeine Definitionen beschriebenen Leistungsdimensionen zuordnen, und die Zuordnungen durch unabhängige „Rückübersetzung" kontrollieren. Übrig bleibt je Dimension eine Skala, deren Ausprägungen durch Verhaltensbeispiele verankert sind, über deren Einstufung sich die Beteiligten relativ einig waren (s. Abb. 4.3 für ein Bsp.). Den Beurteilern sollen die Verankerungen als Referenz für beobachtetes Verhalten dienen. Während sich die Hoffnungen auf psychometrische Verbesserung der Urteile durch BARS eher nicht erfüllt haben, gewährleistet das hohe Maß an Partizipation der späteren Anwender bereits im Konstruktionsprozess gute Akzeptanz. Dagegen beruht die Konstruktion der *Verhaltensbeobachtungsskalen* (Behavior Observation Scales, BOS) zwar zur Itemgenerierung ebenfalls auf der CIT, folgt für die weitere Konstruktion aber den Schritten einer Testentwicklung nach der Klassischen Testtheorie und erfordert daher ein geringeres Maß an direkter Partizipation. Im Ergebnis stellen BOS formal eine Aussagenliste mit einheitlicher Ratingskala dar, wobei die Aussagen hier jedoch verhaltensbezogen formuliert sein müssen. Weniger gebräuchlich ist die *Mixed Standard Scale* (MSS), bei der Aussagen nach dem Prinzip einer sog. Guttman-Skala in einer Form hierarchisch geordnet sind, die es erlaubt, die Urteile auf logische Inkonsistenz zu überprüfen. Die Zustimmung zu höherrangigen Aussagen sollte die gleichzeitige Angabe einer geringerwertigen Leistung logisch ausschließen. Schließlich wurden noch verschiedene Varianten der *Verteilungsmessung* vorgeschlagen, die es erlauben, neben dem Niveau der Leistung eines Beurteilten auch die Konsistenz des gezeigten Verhaltens einzuschätzen, sich aber vermutlich wegen der hohen Komplexität bei der Konstruktion noch nicht durchsetzen konnten.

Auswahlverfahren. Bei Auswahlverfahren sind die Beurteiler aufgefordert, aus einer vorgegebenen Liste von Verhaltensweisen diejenigen auszuwählen, die auf die jeweils Beurteilten zutreffen. Es gibt zwei wichtige Varianten, die im Prinzip den aus vielen anderen Zusammenhängen bekannten Spielarten dichotomes (Ja-Nein) und Mehrfachwahlformat entsprechen. Bei der sog. *Weighted Checklist* wird eine Liste von Aussagen vorgegeben, denen jeweils zugestimmt werden kann oder nicht. Jede Aussage ist mit einem Leistungsniveau verbunden (gewichtet), das zuvor durch Experteneinschätzungen ermittelt wird (wobei auch hier deren Einigkeit ein Auswahlkriterium darstellt). Die individuelle Leistungsbeurteilung ergibt sich aus dem Mittelwert der Gewichte derjenigen Aussagen, denen zugestimmt wurde, wobei die Gewichte den Beurteilern verborgen sind. Noch konsequenter wird das eingeschätzte Leistungsniveau den Beurteilern beim *Wahlzwangverfahren* (forced choice) verschleiert, bei dem jeweils eine aus mehreren vorgegebenen Aussagen ausgewählt werden muss (für ein Bsp. s. Abb. 4.3). Durch das sehr aufwändige Konstruktionsverfahren wird sichergestellt, dass solche Aussagen zusammen gruppiert werden, die möglichst gleich attraktiv erscheinen (empirisch ermittelt durch den Bevorzugungsindex, der über alle Aussagen *homogen* sein sollte), in Wahrheit jedoch für unterschiedliche Leistungsniveaus stehen (gemessen durch den Diskriminationsindex, der möglichst *unterschiedlich* ausgeprägt sein sollte). Durch Auswahlverfahren sollen Urteilstendenzen, insbesondere Milde- und Sympathieeffekte, verhindert werden, was besonders beim Wahlzwangverfahren auch effektiv gelingt. Dies führt allerdings zur faktischen Entmündigung der Beurteiler und deshalb zu massiven Akzeptanzproblemen.

Rangordnungsverfahren. Bei Rangordnungsverfahren (rankings) werden i.d.R. keine einzelnen Merkmale beurteilt, sondern Mitarbeiter (meist innerhalb einer Arbeitsgruppe) global in eine Rangreihe ihrer Leistung gebracht (eine Ausnahme ist das *Verhaltensrangprofil*, bei dem *innerhalb* einer Person geordnete Leistungsdimensionen entsprechenden Arbeitsplatzanforderungen gegenübergestellt werden). Bei der *direkten Rangreihenbildung* bringt z.B. ein Vorgesetzter simultan alle Mitarbeiter in eine Rangordnung, was jedoch bei zunehmender Gruppengröße an Grenzen der kognitiven Verarbeitung und damit der Reliabilität stößt. Kognitiv einfacher ist die *alternierende Rangbildung*, bei der sequenziell zunächst der beste und der schlechteste Mitarbeiter nominiert wird, gefolgt vom jeweils Zweitplatzierten usw. bis alle Rangplätze vergeben sind. Noch reliabler ist eine Rangreihenbildung durch *Paarvergleich*, bei dem jeweils zwei Mitarbeiter miteinander verglichen werden und die Rangordnung dann durch Auswertung der Paarvergleiche entsteht (das Prinzip sollte Sportinteressierten z.B. von Tabellen der Fußballigen vertraut sein). Dies erlaubt ferner u.a. eine Prüfung auf logische Inkonsistenzen (z.B. A > B, B > C, aber C > A), erfordert aber bei großen Gruppen im vollständigen Paarvergleich einen enormen Erhebungsaufwand (Vereinfachungen sind jedoch möglich). Rangordnungsverfahren zwingen zur Differenzierung zwischen Mitarbeitern und garantieren damit die Freiheit von Mittelwerts- und Streuungseffekten. Durch zusätzliche *Quotenvorgabe*, d.h. die Einstufung der Mitarbeiter nach einer vorgegebenen Häufigkeitsverteilung, ist es zudem möglich, normalverteilte Beurteilungen zu erzwingen (s. Abb. 4.3). Auch dies geht jedoch nur auf Kosten erheblicher Akzeptanzprobleme, da ein Aufstieg eines Beurteilten nur auf Kosten Anderer möglich ist (Nullsummenspiel). Dies kann sich negativ auf die Zusammenarbeit auswirken und widerspricht dem Ziel, die Leistung möglichst aller Mitarbeiter zu fördern. Vertretbar erscheint dies eher für bestimmte interpersonale Entscheidungen (z.B. Beförderungen, Vergabe von Prämien). Allerdings entspricht die relative Beurteilung dem sozialen Vergleich als Grundlage menschlicher Urteile und wird auch in einigen Mischformen aus Rating und Ranking umgesetzt (z.B. Goffin, Gellatly, Paunonen, Jackson & Meyer, 1996).

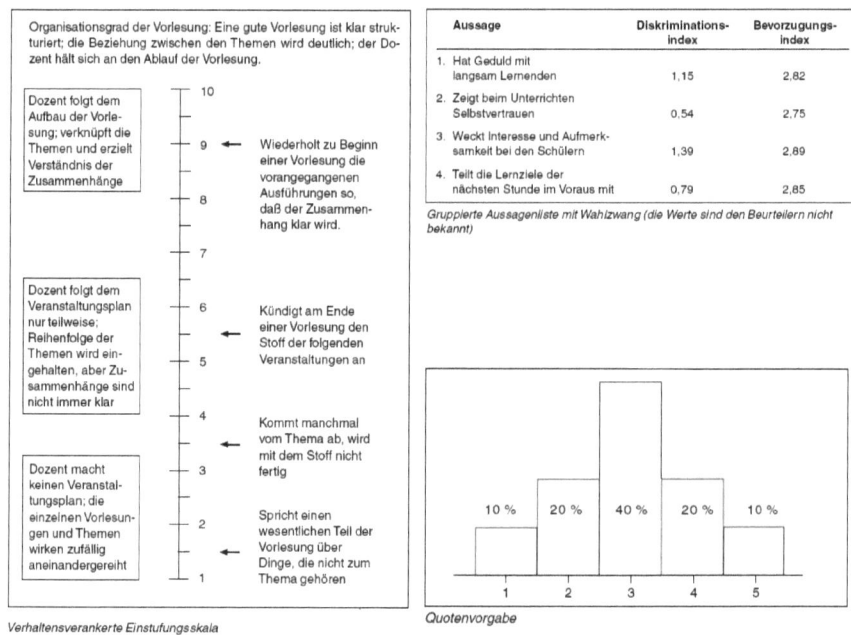

Abbildung 4.3: Beispiele unterschiedlicher Urteilsskalen (aus Marcus & Schuler, 2006)

In der sehr umfangreichen Forschung zu Urteilsskalen (im tabellarischen Überblick z.B. Bernardin & Beatty, 1984; Marcus & Schuler, 2006) zeigten sich die wichtigsten Unterschiede wiederum bezüglich des Anwendungszwecks. Für Verhaltenssteuerung und Feedback besitzen sorgfältig konstruierte Ratingskalen wie BARS oder BOS Vorteile, die jedoch mglw. mehr mit der konstruktionsbedingten Partizipation der Beteiligten zu tun haben als damit, dass die Beurteilung tatsächlich nur Verhalten widerspiegeln würde. Für interpersonale Entscheidungen erweisen sich Auswahl- und Rangordnungsverfahren psychometrisch als überlegen. Dafür sind diese zur Verhaltenssteuerung aufgrund des Konstruktionsprinzips, das auf Differenzierung zwischen Personen und nicht innerhalb einer Person angelegt ist, größtenteils ungeeignet, und sie werden zudem schlecht akzeptiert (s.o.). Wenn die gleiche Skala für unterschiedliche Zwecke eingesetzt werden soll, stellen Einstufungsverfahren einen besser geeigneten Kompromiss dar.

4.2.5 Verbesserungsmöglichkeiten der Leistungsbeurteilung

Der wichtigste Ansatzpunkt zur Verbesserung der Personalbeurteilung besteht darin, miteinander *nicht vereinbare Funktionen konsequent zu trennen*, wie in den vorangegangenen Abschnitten wiederholt angesprochen. In der Praxis dürfte es nicht immer praktikabel sein, verschiedene formale Beurteilungssysteme nebeneinander zu betreiben. Es empfiehlt sich jedoch zumindest, die formale Regelbeurteilung auf damit erreichbare Zwecke zu beschränken und von dem informellen Day-to-Day-Feedback sowie der eignungsdiagnostischen Potenzialbeurteilung zu trennen. Die Konstruktion eines formalen Systems, das sich sowohl psychometrisch als auch in der Anwendung bewährt, erfordert ein aufwändiges, mehrstufiges Vorgehen, in dessen Verlauf die explizite *Zielformulierung*, die *Partizipation der Betroffenen* sowie die *anforderungsanalytische Fundierung* zentrale Elemente bilden (vgl. Marcus & Schuler, 2006). Für die praktische Bewährung sind Verwendungskriterien ebenso wichtig wie die technische Messqualität, und es sind zudem *rechtliche Rahmenbedingungen* zu beachten (in Deutschland v.a. durch das *Betriebsverfassungsgesetz*; vgl. Marcus & Schuler, 2006).

Beurteilertrainings. Für die Handhabung und die Konstruktion von Beurteilungen wurde außerdem eine Reihe spezieller Trainingsverfahren entwickelt, die auch im Rahmen des Beobachtertrainings für ACs eingesetzt werden (vgl. Höft & Funke, 2006). Den Trainingsvarianten liegen unterschiedliche Modelle des Urteilsprozesses zugrunde. Beim klassischen *Urteilsfehlertraining* soll für Urteilstendenzen sensibilisiert und deren Vermeidung eingeübt werden. Beim *Leistungsdimensionentraining* steht die Identifikation und korrekte Zuordnung von Verhalten zu Urteilsdimensionen im Mittelpunkt. Am Phasenmodell der Informationsverarbeitung orientiert sich das *Verhaltensbeobachtungstraining*, in dem insbesondere gelernt werden soll, zwischen den Phasen der Beobachtung und Bewertung zu trennen. Beim *Bezugsrahmentraining* wird dagegen davon ausgegangen, dass eine solche Trennung der Urteilsbildung widerspricht, und stattdessen versucht, den Beurteilern einheitliche, an den Anforderungen orientierte Urteilsmaßstäbe für das beobachtete Verhalten zu vermitteln. Empirisch haben sich besonders die beiden zuletzt genannten Trainingsarten bewährt, die jedoch aufgrund einander widersprechender Annahmen kaum kombiniert werden können. Ansonsten zeigen die wenigen Evaluationen eines kombinierten Vorgehens dafür durchaus positive Zusatzeffekte (zur Evaluation der Trainings s. metaanalytisch Woehr & Huffcutt, 1994).

Beurteilungsgespräch. Die Vermittlung von Beurteilungen zählt zu den schwierigsten Formen des Mitarbeitergesprächs, weil hier oft mehr oder weniger alle Funktionen der Kommunikation in Organisationen (Informationsvermittlung, Beziehungsklärung, Feedback, Bewertung, Zielsetzung und Entwicklung) miteinander verwoben sind (vgl. Muck & Schuler, 2004). Aus u.a. diesem Grund kann das Gespräch eine für beide Seiten ausgesprochen belastende Situation darstellen. Neben der Beachtung einiger genereller Regeln für Form und Stil des Gesprächs (z.B. Meidung von Zeitdruck und äußeren Störungen; Kritik immer konstruktiv und nie in geballter Form äußern; Beurteilten Gelegenheit zur eigenen Darstellung geben; ziel- und lösungsorientiertes Feedback) hat es sich bewährt, dabei idealtypisch in mehreren Phasen vorzugehen. Nach einer gründlichen Vorbereitung sollte in der Begrüßung zunächst eine offene, entspannte Atmosphäre geschaffen werden. Anschließend folgt eine ausführliche Beurteilungsphase, in der Erfolge gewürdigt und Probleme im Dialog identifiziert und analysiert werden. Abschließend sollten möglichst einvernehmlich Ziele für die kommende Periode vereinbart, Maßnahmen zu deren Erreichung geplant und diese Vereinbarungen schriftlich dokumentiert werden. Ein Gesprächsausklang in positiver Stimmung sowie eine Nachbereitung bezüglich der Umsetzung der Pläne schließen den Prozess ab (zu einem Beispiel sowie zu theoretischen Grundlagen s. Muck & Schuler, 2004).

Weiterführende Literaturempfehlungen

Marcus, B., & Schuler, H. (2006). Leistungsbeurteilung. In H. Schuler (Hrsg.), *Lehrbuch der Personalpsychologie* (2. überarb. Aufl.) (S.433-469). Göttingen: Hogrefe.
Murphy, K. R., & Cleveland, J. N. (1995). *Understanding performance appraisal: Social, organizational, and goal-based perspectives.* Thousand Oaks, CA: Sage.
Schuler, H., & Marcus, B. (2004). Leistungsbeurteilung. In H. Schuler (Hrsg.) *Organisationspsychologie – Grundlagen und Personalpsychologie. Enzyklopädie der Psychologie. D/III/3* (S. 948-1006). Göttingen: Hogrefe.
Nerdinger, F., Blickle, G. & Schaper, N. (2008). *Arbeits- und Organisationspsychologie.* Heidelberg: Springer. (insbes. Kap. 25).

5 Personalentwicklung

Die Personalentwicklung (üblicherweise kurz PE genannt) unterscheidet sich zumindest in zweierlei Hinsicht grundlegend von anderen Bereichen der Personalpsychologie. Erstens ist dies ein Arbeitsfeld, das wissenschaftlich deutlich stärker interdisziplinär beforscht wird. Mit Personalentwicklung beschäftigen sich u.a. auch Betriebswirte und Pädagoginnen intensiv, was z.B. dazu führt, dass der in diesen Disziplinen besonders beliebte Kompetenzbegriff (vgl. Kap. 1) hier eine zentrale Rolle spielt. Zweitens liegt der Schwerpunkt in der PE tendenziell weniger auf der Verhaltensprognose und Diagnostik, sondern auf der *Verhaltensmodifikation* und den dafür eingesetzten Interventionen. Dies impliziert u.a., dass lernpsychologische Grundlagen hier gegenüber der Differenziellen Psychologie stärker in den Vordergrund rücken. Der einführende Abschnitt dieses Kapitels beschäftigt sich in stark geraffter Form u.a. mit solchen Grundlagen. Auch Personalentwicklung ist ein mehrstufiger Prozess, der mit dem diagnostischen Schritt der Bedarfsanalyse beginnt, worum es im folgenden Abschnitt geht. Anschließend werden einige ausgewählte Trainingsverfahren, d.h. die eigentlichen Interventionen, vorgestellt. Die Umsetzung bzw. der Transfer des Erlernten in die Praxis ist ein themenspezifisches Problem, das die Behandlung in einem eigenen Abschnitt verdient. Die Gestaltung und die Ergebnisse von Evaluationsstudien schließen den Prozess der Personalentwicklung und auch dieses Kapitel ab.

5.1 Gegenstand und theoretische Grundlagen der Personalentwicklung

Unter Personalentwicklung oder PE sollen hier alle systematischen Aktivitäten einer Organisation verstanden werden, die darauf abzielen, die beruflichen Qualifikationen ihrer individuellen Mitarbeiter zu fördern. Dies ist eine vergleichsweise enge Definition (s. zu alternativen Konzeptionen von PE bspw. Holling & Liepmann, 2004; Sonntag, 2004). Sie schließt erstens, was in der Literatur relativ unstrittig ist, Lernen durch ungeplante Erfahrungsgewinne und Sozialisationseffekte aus. Zweitens beschränkt sie sich im Einklang mit der Abgrenzung der Personalpsychologie von anderen Teilbereichen der AO-Psychologie auf die Ebene des Individuums, obwohl die Übergänge der PE zur Team- und Organisationsentwicklung fließend sind. Schließlich wird, anders als insbesondere von einigen Arbeitspsychologen vertreten (vgl. Sonntag, 2004), die psychologische Arbeitsgestaltung explizit ausgeklammert, weil dort die Veränderung am Arbeitsplatz und nicht am Menschen ansetzt. Der Begriff „Qualifikationen" ist dagegen relativ weit zu verstehen als Sammelbezeichnung für alle veränderlichen individuellen Voraussetzungen beruflichen Verhaltens und Erlebens. In der PE-Literatur wird dafür häufig auch der Begriff *Handlungskompetenz* verwendet, der sich weiter in die Bereiche der Fach-, Methoden-, Sozial- und Selbstkompetenz mit nochmals je spezifischen Facetten aufgliedern lässt (vgl. Nerdinger et al., 2008; Sonntag, 2004). Im Gesamtzusammenhang der Personalpsychologie bzw. des HR-Management ist allerdings zu fragen, ob mit Handlungskompetenz als Konkurrenzbegriff zu den differenzialpsychologisch ungleich besser fundierten KSAOs ein Erkenntnisgewinn verbunden ist, der ein Nebeneinander alternativer Begriffssysteme rechtfertigt. Dagegen spricht z.B., dass innerhalb der KSAOs bereits unterschiedliche Grade der Veränderlichkeit spezifiziert sind (nämlich hoch für KS, gering für AO), was für die PE ein offensichtlich wichtiger Aspekt ist. Eine sehr differenzierte und umfassende Begriffsbestimmung von PE hat Staufenbiel (1999) vorgelegt. Darin wird u.a. spezifiziert, was unter den in obiger Definition enthaltenen Elementen „Aktivitäten" und „Qualifikationen" verstanden werden kann sowie Gestaltungsmöglichkeiten der PE hinsichtlich Zeitpunkt, Ort und Zielen aufgelistet. Alternative Begriffe wie *Training* (von Mitarbeitern) oder *betriebliche Weiterbildung*, die manchmal von PE unterschieden werden (s. z.B. Nerdinger et al., 2008), sollen hier als weitgehend synonym betrachtet werden.

PE ist für Anbieter ein lukrativer Markt, wenngleich auch ein schwankender, da der Etat für PE aufgrund des relativ geringen Widerstandspotenzials gegen Einsparungen oft besonders konjunkturanfällig ist. Nach der derzeit aktuellsten Repräsentativbefragung (Behringer, Moraal & Schönfeld, 2008) entstanden deutschen Unternehmen 2005 je Beschäftigtem direkte Kosten von 237,- Euro, wozu noch indirekte Kosten durch Arbeitsausfall in ungefähr gleicher Höhe kommen. Lediglich 54 % der Unternehmen bieten überhaupt betriebliche Weiterbildung an, und ca. 30 % aller Beschäftigten nehmen an solchen Angeboten teil. Die direkten Kosten sind ebenso wie der Anteil der in der PE aktiven Unternehmen seit 1999 deutlich zurückgegangen; dennoch ergeben sich rechnerisch noch immer Gesamtkosten im zweistelligen Milliardenbereich (für die USA reichen Schätzungen in den dreistelligen Milliardenbereich, Aguinis & Kraiger, 2009). Nicht alle diese Investitionen sind sinnvoll angelegt. Der Markt für Trainings bietet ein extrem heterogenes Bild; neben seriösen Anbietern sorgfältig evaluierter Methoden tummeln sich hier auch Scharlatane mit teils abenteuerlichen bis gefährlichen Angeboten. Die Deutsche Gesellschaft für Personalführung hat *Qualitätsstandards für Personalentwicklung* herausgegeben, deren Beachtung eine gewisse Gewähr für qualitativ hochwertige Trainings bietet (vgl. Höft & Wolf, 2003). Neben der Qualifikation des Trainers, der Orientierung an Zielen und Anforderungen bei der Konstruktion und der empirischen Evaluation ist die theoretische Fundierung eine wesentliche Voraussetzung für den Erfolg.

Theoretische Grundlagen. PE kann auf ausgesprochen vielfältigen Theorien beruhen. Sonntag (2006) unterscheidet dabei Ansatzpunkte aus den Grundlagendisziplinen der Differenzial-, Sozial- und Entwicklungspsychologie sowie den Anwendungsfächern Pädagogische und AO-Psychologie, wobei hier nicht-psychologische Beiträge noch gar nicht enthalten sind (s. z.B. Becker, 2009). Eine umfassende Darstellung ist im Rahmen dieses Textes nicht einmal ansatzweise möglich (s. dazu verschiedene Beiträge im selben Band wie Sonntag, 2006). Naturgemäß besonders wichtig für die PE sind jedoch lerntheoretische Grundlagen, auf die zumindest in stark gerafter Form eingegangen werden soll.

Auch bei Beschränkung auf Lerntheorien verbleibt noch eine enorme Vielfalt. Schaper (2007) unterscheidet bspw. sechs Gruppen von Lerntheorien und ordnet diesen beispielhaft einzelne Trainingsarten zu (s. die stichwortartige Darstellung in Tab. 5.1). Eine inhaltlich nur teilweise überlappende Kategorisierung nehmen Greif und Kluge (2004) vor. In beiden Taxonomien spielen verhaltensorientierte Ansätze eine sehr prominente Rolle. Bei betrieblichen Anwendungen der *operanten Konditionierung* kommen u.a. Verstärkerpläne zum Einsatz, um ein bestimmtes Zielverhalten (bspw. Pünktlichkeit; vgl. Greif & Kluge, 2004) anzunähern. Noch mehr Einfluss auf die Praxis der PE hat die sozial-kognitive Lerntheorie von Bandura (1986), die u.a. auf dem Prinzip des *Beobachtungslernens* am Modell beruht. Auf deren Anwendung in der Verhaltensmodellierung wird noch in Abschn. 5.3 zurückgekommen (vgl. Greif & Kluge, 2004, für weitere Anwendungsbeispiele). Jenseits der in Tab. 5.1 aufgelisteten Ansätze nennen Greif und Kluge u.a. noch Ansätze des *exploratorischen Lernens* (Versuch und Irrtum), die sich im betrieblichem Umfeld bspw. bei der Gestaltung von Lernumgebungen (etwa für Computerprogramme) umsetzen lassen, sowie Erkenntnisse der *neurophysiologischen Grundlagenforschung zu Emotionen*. Für die Gestaltung der PE wichtiger sind jedoch neben Verhaltenstheorien insbesondere die in Tab. 5.1 aufgeführten *kognitionspsychologischen Lernkonzepte* (dort unter Wissenserwerb und Handlungsregulation gelistet), zu denen bspw. auch die *Expertiseforschung* zu rechnen ist (s.a. Sonntag & Schaper, 2006).

Tabelle 5.1: Ausgewählte lerntheoretische Grundlagen der PE (verkürzt nach Schaper, 2007, S. 44)

Lerntheoretischer Ansatz	Bsp. spezifischer theoretischer Konzepte	Bsp. für praktische Umsetzung im Training
Verhaltensänderung	• Operante Konditionierung	• Selbstmanagement
	• Sozial-kognitive Lerntheorie	• Verhaltensmodellierung
Wissenserwerb	• Schemabasiertes Lernen	• Visualisierung
	• Mentale Modelle	• Computersimulationen
Handlungsregulation	• Aufbau operativer Abbildsysteme	• Kognitives Training
Konstruktivismus	• Situiertes Lernen	• Cognitive Apprenticeship
Motivationale Prozesse	• Self Determination Theory	• Origin Training
Selbstgesteuerte Prozesse	• Kognitive und motivationale Voraussetzungen	• Direkte und indirekte Förderungsansätze

Generell haben sich PE-Maßnahmen häufig dann bewährt, wenn sie auf etablierten theoretischen Grundlagen aufbauen (vgl. Abschn. 5.5), wobei durchaus unterschiedliche theoretische Konzepte zielführend sein können. Daneben hat sich speziell für die Wissensvermittlung die Beachtung allgemeiner Lernprinzipien als günstig erwiesen (s. dazu zusammenfassend z.B.. Levy, 2006). Dazu zählt etwa das *aktive Lernen* (im Gegensatz zum bloßen Konsumieren des Lernstoffs), bspw. durch Aufschreiben, Unformulieren, Zusammenfassen des Materials oder Wechsel des Lernmediums (z.b. mündliche Wiedergabe eines Textes). Ferner gehört dazu die Berücksichtigung von *Übungseffekten* (Wiederholung, „Überlernen") und das Einholen bzw. das Angebot von *Feedback* über Lernerfolge (z.B. durch Übungen mit Musterlösung). Bei der Gestaltung des *Lernmaterials* sollte beachtet werden, dass das Material durch u.a. Strukturierung, sequenzielle Anordnung und Verständlichkeit der einzelnen Elemente für die Lernenden bedeutungsvoll aufbereitet wird. Die *Lerneinheiten* sollten der insgesamt zu bewältigenden Aufgabe entsprechen. Einfache Aufgaben können in vollständigen Einheiten vermittelt werden, während für das Erlernen komplexer Aufgaben der Lernstoff in Teilschritte zerlegt präsentiert werden muss. Bezüglich der *zeitlichen Verteilung* des Lernstoffs profitiert gerade bei einfachen psychomotorischen Aufgaben der Lernerfolg von zeitlich verteiltem Lernen, auch wenn massiertes Lernen mit betrieblichen Sachzwängen oft einfacher zu vereinbaren ist.

5.2 Prozess der Personalentwicklung und Analyse des Entwicklungsbedarfs

PE ist mit anderen Aufgaben des HR-Management in vielfältiger Weise verwoben. In der betriebswirtschaftlichen PE-Literatur wird das traditionelle Verständnis von PE als Unterstützungsfunktion (Bereitstellung von Qualifikation) zunehmend abgelöst durch die Orientierung am HR-Ansatz, nach dem PE strategisch in ein allgemeines Leistungs- und Veränderungsmanagement integriert werden soll („transitionale PE"; vgl. Becker, 2009). Die PE muss sich dabei sowohl am aktuellen als auch am für die Zukunft antizipierten Bedarf ausrichten. Die Schritte der Zielformulierung und Bedarfsanalyse (s.u.) stehen am Beginn eines zyklischen Prozesses, der sich, wie stets in der AO-Psychologie, idealtypisch in die Grobphasen der Diagnostik bzw. Analyse, der Intervention und der Evaluation gliedern lässt, wobei die Ergebnisse Letzterer als Grundlage in einen neuen Zyklus eingehen sollten. Eine etwas detailliertere Aufschlüsselung dieses Dreiklangs für die PE ist in Abb. 5.1 dargestellt. Dabei sollte deutlich werden, dass zwischen der Bedarfsanalyse (Schritt 1) und der eigentlichen Durchführung der Intervention (Schritt 5) mehrere Planungs- und Entwicklungsschritte notwendig sind. Nur wenn die Durchsicht der intern oder auf dem externen Markt verfügbaren Trainings (Schritt 2) keine befriedigenden Angebote ergibt, ist eine Neugestaltung (Schritt 3) notwendig. Die Evaluation (Schritt 6) muss bereits vor der Durchführung der Maßnahmen geplant werden (Schritt 4), da das Design der Evaluation oft parallel zum eigentlichen Training implementiert werden muss. Neben dem eigentlichen Training müssen ferner auch Maßnahmen geplant und durchgeführt werden, die den Transfer auf den Arbeitskontext sicherstellen (vgl. Abschn. 5.4).

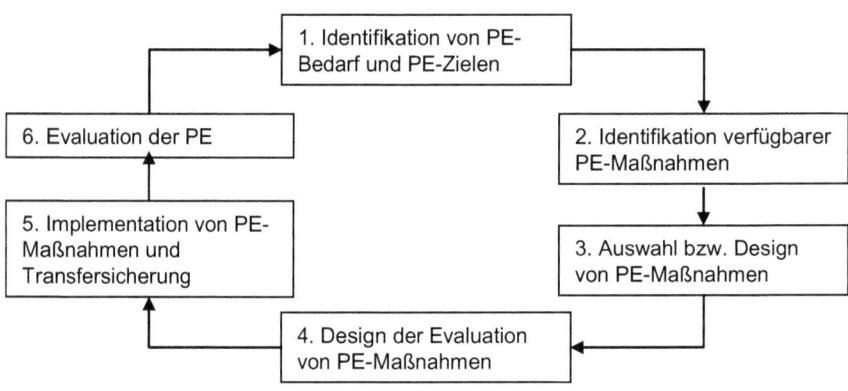

Abbildung 5.1: Personalentwicklung als zyklischer Prozess

Für die Ableitung des Trainingsbedarfs sind normalerweise drei wesentliche Bereiche zu analysieren (z.B. Levy, 2006). Auf der Ebene der *Organisationsanalyse* ergibt sich einerseits durch die Formulierung kurz- und langfristiger Ziele ein Soll-Zustand, andererseits muss der Ist-Zustand des aktuellen Grads der Zielerreichung erhoben werden. Ferner sind, insbesondere zur Transfersicherung, auf dieser Ebene auch allgemeine Rahmenbedingungen

5.2 Personalentwicklung und Analyse des Entwicklungsbedarfs

(z.B. PE-Etat, Unternehmenskultur) abzuklären. Für die Analyse kommen Informationsquellen über die strategische Unternehmensplanung und Unternehmensgrundsätze, betriebswirtschaftliche Kennziffern, aber auch Verfahren der psychologischen Organisationsdiagnose wie z.B. Mitarbeiterbefragungen in Frage. Während die Organisationsanalyse eher den Handlungsrahmen absteckt, ist der konkrete Entwicklungsbedarf auf der individuellen Ebene zu ermitteln. Der Bedarf ergibt sich theoretisch wieder aus der Diskrepanz zwischen Soll- und Ist-Zustand. Um eine sinnvolle Information über diese Diskrepanz zu gewinnen, müssen Soll und Ist getrennt, jedoch in vergleichbarer Weise erhoben werden. Dies sicherzustellen ist wieder einmal Aufgabe von Anforderungsanalysen. Dabei ergibt sich der Soll-Zustand für PE-Maßnahmen (neben der Organisationsebene, z.B. aus der Personalersatzplanung) in erster Linie aus der *Tätigkeitsanalyse*, für die auf vorhandene Quellen (z.B. Stellenbeschreibungen) oder mittels Arbeitsanalyse neu zu gewinnende Informationen zurückgegriffen werden kann. Die Feststellung des Ist-Zustands erfolgt dagegen mittels der *Personanalyse*. Diese schöpft v.a. aus zwei Quellen, nämlich aus der Feststellung des aktuellen Leistungsstands mittels der Personalbeurteilung (s. Kap. 4) sowie für die Prognose der Entwicklungsmöglichkeiten aus der Potenzialanalyse, die auch bei internen Mitarbeitern häufig auf die Mittel der Eignungsdiagnostik (vgl. Kap. 3) zurückgreift (allerdings oft in adaptierter Form wie z.B. Entwicklungs-ACs). Für PE im Sinne der individuellen Förderung und Laufbahnplanung (s.u.) ist der Ansatzpunkt für die Ermittlung sowohl des Ist- als auch des Soll-Zustands die individuelle Person.

Der Begriff „Bedarfsanalyse" ist vielleicht insofern etwas mechanistisch als es für den Trainingserfolg ganz entscheidend auch auf interindividuelle Unterschiede in der *Trainingsmotivation* oder -bereitschaft (training readiness) sowie der Lernfähigkeit bzw. *Trainierbarkeit* ankommt. Gemeint ist mit Trainierbarkeit weniger das spezifische Potenzial für bestimmte Tätigkeiten oder Laufbahnen als vielmehr stabile Dispositionen, die generell dazu beitragen, dass bestimmte Personen eher von Trainings profitieren als andere. In ihrem Überblick verschiedener Metaanalysen, deren Ergebnisse zur Prognose beruflicher Leistung schon in Abschn. 3.2.4 vorgestellt wurden, fassten Schmidt und Hunter (1998) auch Befunde zur Vorhersage des Trainingserfolgs zusammen. Auch hier spielt allgemeine Intelligenz eine überragende Rolle ($\rho = .56$), gefolgt wieder, was schon eher überrascht, von Integrity Tests

(ρ = .38). Unter den FFM-Dimensionen der Persönlichkeit hängt die Trainingsleistung besonders mit Gewissenhaftigkeit, Extraversion und Offenheit für Erfahrungen positiv (jeweils um ρ = .30) zusammen (Barrick et al., 2001; vgl. Tab. 3.2 oben). Überwiegend korrelieren also ähnliche Persönlichkeitsmerkmale mit dem Trainingserfolg wie mit der beruflichen Leistung. Während manche Trainings auf die Veränderung der Persönlichkeit in Richtung beruflicher Anforderungen gerichtet sind, was bei stabilen Merkmalen wenig Erfolg verspricht, scheint umgekehrt die Persönlichkeit eher zu einer Vergrößerung der Leistungsunterschiede nach dem Training beizutragen. Ferner beeinflusst die Persönlichkeit auch die Trainingsmotivation, die wiederum den Trainingserfolg mit bestimmt (zusammenfassend Aguinis & Kraiger, 2009). Auf weitere Einflussfaktoren des Trainingserfolgs wird in Abschnitt 5.4 noch eingegangen.

5.3 Verfahren der Personalentwicklung

Selbst unter den in Abschnitt 5.1 getroffenen Einschränkungen sind PE-Maßnahmen so zahlreich und unterscheiden sich auf so vielen Ebenen, dass eine taxonomische Einordnung von ähnlicher Konsensfähigkeit wie etwa für Personalauswahlverfahren (Abschn. 3.2) schwerfällt. Sonntag (2004) unterscheidet in seinem Klassifikationsschema auf der einen Seite drei Gegenstandsbereiche (Wissenserwerb, Verhaltensmodifikation, persönliche Entwicklung), auf der anderen Seite drei etwas unspezifisch „Ansätze" genannte Bereiche, die sich auf den Kontext beziehen, in dem die Lerninhalte vermittelt werden (direkt am Arbeitsplatz, in einer spezifischen Trainingsumgebung oder vermittelt durch Medien wie Internet und PC). Weitere gebräuchliche Klassifikationen differenzieren bspw. nach den trainierten Qualifikationen in Form von KSAOs oder den o.g. Kompetenzbereichen Fachliches, Methoden, Soziales und Selbst (bei Staufenbiel, 1999, werden neun Qualifikationsbereiche unterschieden). Andere Schemata greifen ähnliche Ordnungsprinzipien auf wie Sonntag und vereinfachen diese zu Dichotomien (z.B. nach dem Kontext in on-the-job vs. off-the-job; nach dem Gegenstandsbereich in Training bzw. „Bildung" vs. Förderung; vgl. Becker, 2009) oder erweitern sie (z.B. nach unterschiedlichen Medien der Vermittlung). In diesem Abschnitt soll als heuristisches Ordnungsprinzip Sonntags (2004)

5.3 Verfahren der Personalentwicklung

Unterscheidung in drei Gegenstandsbereiche zugrunde gelegt werden, wobei die Zuordnung einzelner Verfahren nicht immer eindeutig ist. Aus der Vielzahl von PE-Maßnahmen können jeweils nur einige Wenige kurz vorgestellt werden.

5.3.1 Verfahren mit dem Schwerpunkt Wissenserwerb

Unterricht. In den Bereich der Wissensvermittlung gehören bspw. die klassischen Formen des Unterrichts bzw. der Instruktion (vgl. Levy, 2006). *Vorlesungen* bzw. Frontalunterricht bieten den Vorteil, kostengünstig eine große Zahl von Lernenden gleichzeitig zu erreichen, sind aber hinsichtlich der Übungs- und Feedbackmöglichkeiten deutlich eingeschränkt. Diese Vor- und Nachteile gelten in tendenziell noch verstärktem Maße für *Fernstudien*, die durch schriftliches Material und durch elektronische Medien vermittelt werden können. Ein weiteres Merkmal des Fernstudiums ist, dass es den Lernenden erlaubt, den Stoff in einem selbst gewählten Tempo und in selbst gewählter Reihenfolge durchzuarbeiten. Auf diese Vorzüge (die bei mangelnder Hilfestellung auch von Nachteil sein können) bauen auch Techniken des Selbststudiums, unter denen die *Programmierte Instruktion* (PI) relativ gut erforscht ist. Dabei wird versucht, durch die Anwendung von Lernprinzipien einige Nachteile des Selbststudiums zu kompensieren. Der Lernstoff wird vorstrukturiert in überschaubaren Einheiten mit ansteigendem Schwierigkeitsgrad präsentiert. Regelmäßiges Feedback erfolgt durch Erfolgsüberprüfungen am Ende jeder Lerneinheit. Computergestützte Varianten erlauben dabei inzwischen einen noch größeren Freiraum und ein noch größeres Maß an Anpassung an individuelle Vorlieben und Lernleistungen. Befunde zum Erfolg der PI zeigen allerdings, dass die Anwendung von Lernprinzipien den Nachteil nicht aufwiegen kann, dass gerade die Kontrolle durch die Lernenden zu einem hohen Anteil ineffektiver Lernstrategien führt (zusammenfassend Levy, 2006).

Kognitive Techniken. Zahlreiche Verfahren der Wissensvermittlung wurden auch speziell für den betrieblichen Kontext entwickelt (Sonntag & Schaper, 2006, nennen, ohne Anspruch auf Vollständigkeit, insgesamt 20 Verfahrensvarianten). Ein Beispiel für ein relativ komplexes Verfahren ist das *Kognitive Training* (s. Sonntag & Schaper, 2006). Dabei geht es um das handlungstheoretisch fundierte Erlernen von Denkleistungen, die generell für die Bewältigung komplexer Aufgaben benötigt werden. Zu den Elementen zählen u.a. die Verinnerlichung geistiger Handlungen durch Verbalisierung praktischer Tätigkeiten, die Anwendung heuristischer Regeln (knapp formulierte handlungsleitende Verfahrensregeln wie „Ermittle den nächstfolgenden Schritt") oder Techniken der Selbstreflexion (z.B. mittels einfacher Fragen im Anschluss an Handlungen) und Selbstinstruktion (z.B. durch Protokollieren, Korrigieren, Beobachten). Auf dem Prinzip unmittelbarer Anleitung eines Novizen durch einen Experten beruht dagegen das konstruktivistisch fundierte *Cognitive Apprenticeship* (Kognitive Lehre), das damit in die Nähe zu Coaching und Mentoring rückt (s.u.). Auch hier werden verschiedene Lernprinzipien und -techniken kombiniert (z.B. Modelllernen, Exploration, Reflexion, Feedback; vgl. Sonntag & Schaper, 2006); zentral ist aber der Austausch zwischen Experte und Novize über authentische Arbeitsaufgaben, wobei der Experte durch Vormachen, Anleiten und Korrigieren die Novizen sukzessive an effektive Handlungsstrategien heranführen soll. Wie alle längerfristig angelegten interaktiven PE-Maßnahmen ist Cognitive Apprenticeship ausgesprochen aufwändig.

Simulationen. Komplexes Anwendungswissen soll auch im Rahmen von *Simulationen* vermittelt werden, wobei hier die Grenze zur Verhaltensmodifikation fließend ist (s.u.). Das Prinzip besteht, wie bei der simulationsorientierten Eignungsdiagnostik (Abschn. 3.2.2), darin, reale Arbeitsaufgaben außerhalb der realen Arbeitsumgebung möglichst realitätsnah nachzubilden. Auch in der PE hängt die Simulation von der spezifischen Aufgabe ab und ist entsprechend vielgestaltig. Beispiele (s.a. Levy, 2006; Sonntag & Schaper, 2006) sind etwa computergestützte Business-Planspiele (ähnlich den in Abschn. 3.2.2 dargestellten Szenarios) für Management-Trainees, die Fehlersimulation in komplexen Fertigungssystemen, Militärmanöver oder Fahr- und Flugsimulatoren. Sinnvoll ist der Einsatz von Simulationen besonders dann, wenn die eingeübten Arbeitssituationen in der Realität selten vorkommen (z.B. Notfallsituationen im Cockpit) und bzw. oder wenn mögliches Fehlverhalten extrem folgenreich wäre. Entscheidend für den Lernerfolg ist dabei u.a. die Realitätstreue (fidelity) in physischer (Entspricht die physische Arbeitsumgebung der Realität?) und psychologischer Hinsicht (Liegen den Handlungen in der Simulation die gleichen psychologischen Prozesse zugrunde wie in der Realität?). Während die Realitätstreue besonders bei technischen Simulationen oft sehr hoch ist, fehlt es nicht selten an lernpsychologischer Unterstützung durch Instruktion und Rückmeldung von Lern(fort)schritten (Sonntag & Schaper, 2006).

5.3.2 Verfahren der Verhaltensmodifikation

Bei Verhaltenstrainings fällt die Abgrenzung zur Wissensvermittlung einerseits und zur persönlichen Entwicklung andererseits nicht immer leicht. Zur persönlichen Entwicklung werden hier Ansätze gerechnet, bei denen die langfristige individuelle Laufbahnförderung im Mittelpunkt steht. In Simulationen wird dagegen einerseits prozedurales Wissen vermittelt, andererseits auch Zielverhalten eingeübt. Ein Beispiel für ein simulationsorientiertes Verfahren der PE, bei dem die Verhaltensmodifikation im Vordergrund steht, sind *Rollenspiele*, die auch als Auswahlverfahren eingesetzt werden (Abschn. 3.2.2). In der PE kommen Rollenspiele als eigenständiges Instrument zur Einübung von Zielverhalten zum Einsatz, aber auch im Rahmen umfassenderer Trainings. Zu Letzteren gehört auch ein prototypisches Verfahren der Verhaltensmodifikation, das aufgrund seiner zunehmenden Bedeutung für die PE etwas ausführlicher dargestellt werden soll.

Verhaltensmodellierung. Bei der Verhaltensmodellierung bzw. dem *Behavior Modeling Training* handelt es sich um ein komplexes Verfahren, das im Kern auf die sozial-kognitive Lerntheorie (s.o.) zurückgeht (Latham & Saari, 1979). Durch Beobachtung von Verhaltensmodellen sollen relevante Elemente des Zielverhaltens kognitiv verarbeitet, durch Reproduktion eingeübt und durch Verstärkungslernen motivational verankert werden. Gegenstand des Trainings ist ein bestimmter definierter Verhaltensbereich (s.u. Bsp. 5.1). Der Ablauf folgt idealtypisch folgenden sechs Schritten (vgl. Sonntag & Stegmaier, 2006).

- Einführung in den *Gegenstand* des Trainings durch den Trainer.
- Entwicklung sog. *Lernpunkte* durch die Teilnehmer selbst (mittels CIT). Dies sind knapp formulierte, generelle Verhaltensregeln (s. Bsp. 5.1), die in unmittelbarer zeitlicher Nähe zum Modellverhalten präsentiert werden sollten.

- Darbietung des *Verhaltensmodells*, oft in Form einer kurzen Filmsequenz. Die Kombination positiver bzw. effektiver (im Sinne der Lernpunkte) mit negativen oder ineffektiven Modellen begünstigt die Generalisierung des Verhaltens.
- *Gruppendiskussion* über die Übereinstimmung von Modellverhalten und Lernpunkten.
- *Einübung* der erlernten Verhaltensweisen im Rollenspiel unter Beobachtung der Gruppe.
- *Feedback* zum Verhalten im Rollenspiel durch die Gruppe unter Moderation des Trainers und ggf. gestützt durch Videoaufzeichnungen.

Verhaltensmodellierung zählt zu den am intensivsten und besten evaluierten PE-Methoden (s. Abschn. 5.5). In Bsp. 5.1 ist ein kurzer Auszug aus einer Dialogvorlage für eine Modellpräsentation mit Lernpunkten wiedergegeben, die aus dem Modul „Feedback geben" eines Trainings sozialer Kompetenzen für Auszubildende im gewerblichen Bereich stammen (stark verkürzt nach Sonntag & Stegmaier, 2006, s. dort zu einer ausführlichen Darstellung des Praxisbeispiels).

Beispiel 5.1:   Auszug einer Dialogvorlage für die Präsentation eines positiven Modells im Rahmen eines Behavior Modeling Training

Situation
Herr Fleißig bemüht sich sehr um gute Arbeitsleistungen, schafft hohe Stückzahlen und Qualität und leistet oft freiwillig Überstunden. Treten jedoch Engpässe auf und er soll für Kollegen einspringen, muss er dazu immer erst aufgefordert werden. Deshalb halten ihn seine Kollegen zunehmend für egoistisch und glauben, er wolle sich beim Vorgesetzten einschmeicheln. Über diese Beobachtung gibt ihm Herr Meier Feedback.

Meier	Herr Fleißig, ich möchte da gern mal was ansprechen. Sie sind gerade nicht in Eile, oder?
Lernpunkt	**Geeigneten Zeitpunkt wählen**
Fleißig	Nein, worum geht es?

Meier	Ich sehe, dass Sie sich sehr anstrengen, Ihre Arbeit gut zu machen, und das finde ich in Ordnung. Ihre Stückzahlen und die Qualität Ihrer Arbeit sind ja sehr ordentlich. Ich ärgere mich aber öfters darüber, dass Sie meistens nicht von selbst einspringen, wenn es eng wird.
Lernpunkt	**Zuerst positives, dann negatives Feedback**
Lernpunkt	**Ich-Botschaften senden**

Gruppendynamik. Zu den klassischen Ansätzen der PE, der aus der humanistischen Tradition der Forschergruppe um Kurt Lewin stammt, gehört das Konzept der Gruppendynamik, zu dessen prominentesten Umsetzungen das *Sensitivity Training* zählt. Das Grundprinzip besteht darin, losgelöst vom Arbeitsplatz eine Lernumgebung zu schaffen, in der Interaktionsbeziehungen (z.B. Konflikte zwischen oder innerhalb von Arbeitsgruppen) in offener und wechselseitig akzeptierender Atmosphäre unter Betonung von Gefühlsaspekten angesprochen und diskutiert werden können. Die Interaktion im Training läuft dabei absichtsvoll möglichst ungelenkt durch den Trainer ab. Die Konzentration soll allein auf die unmittelbare Gesprächssituation gerichtet sein („Hier-und-Jetzt-Orientierung"), und durch die offenen Rückmeldungen soll ein differenzierteres Selbst- und Fremdbild aufgebaut werden (vgl. Sonntag & Stegmaier, 2006). Trotz überwiegend positiver Evaluationen (s.u.) geriet das Sensitivity Training unter Kritik, weil durch die betont arbeitsferne Atmosphäre Zweifel am Transfer des Gelernten bestehen und sich in der ungeregelten Interaktion auch selbstwertbedrohliche Wirkungen ergeben können. Im Zuge der Sensibilisierung für bspw. kulturelle Diversität in Organisationen erleben gruppendynamische Ansätze in den USA aber derzeit eine Renaissance (s. Levy, 2006, für Beispiele).

Erlebnisorientierung. Neuer, aber mindestens ebenso umstritten wie die Gruppendynamik sind erlebnispädagogische Ansätze wie bspw. *Outdoor-Trainings*. Zur Team- oder zur Führungskräfteentwicklung werden Grenzerfahrungen in der freien Natur – wie bspw. gemeinsame Raftingtouren, Orientierungsläufe oder auch eine nachgestellte Unfallsituation – hergestellt, um intensive Erlebnisse zu schaffen, bei denen die Teilnehmer aufeinander angewiesen sind. Aufgrund des Erlebnischarakters sind die unmittelbaren Teilnehmerreaktionen oft begeistert. Ob der Transfer auf den Arbeitskontext gelingt, ist dagegen bislang völlig ungesichert (vgl. Sonntag & Stegmaier, 2006) und schon allein deshalb zweifelhaft, weil bewusst eine Situation fern vom Arbeitsalltag geschaffen wird. Vielleicht steht bei Outdoor-Trainings doch eher der touristische Aspekt im Vordergrund.

5.3.3 Verfahren zur persönlichen Laufbahnentwicklung

Für die individuelle Laufbahnförderung sind PE-Maßnahmen nur ein Baustein aus einem ganzen Bündel von Interventionen (manchmal zusammengefasst als „Talent Management"), mit denen Unternehmen versuchen, ihren Mitarbeitern langfristige Perspektiven innerhalb der Organisation aufzuzeigen und damit gleichzeitig die Unternehmensressource „Humankapital" möglichst effizient zu nutzen. Dazugehörige Maßnahmen reichen von der Berücksichtigung stellenübergreifend bedeutsamer KSAOs bereits in der Personalauswahl (s. Kap. 3), über gezielte Sozialisationsmaßnahmen wie Trainee-Programme, die mittelfristige Laufbahnplanung etwa in Beurteilungsgesprächen (Kap. 4), die individuelle Förderung durch z.B. Führung und Motivierung bis zur lern- und entwicklungsförderlichen Arbeitsgestaltung (zu einzelnen Maßnahmen s. z.B. Nerdinger et al., 2008). Einige dieser Maßnahmen lassen sich für viele oder alle Gruppen im Unternehmen anwenden, während im Fokus aufwändiger individueller Fördermaßnahmen der PE naturgemäß eher Führungskräfte und hoch qualifizierte Mitarbeiter stehen.

Coaching. Unter diesen Fördermaßnahmen ragt in seiner praktischen Bedeutung insbesondere das *Coaching* hervor. Als PE-Maßnahme beschreibt Coaching einen mittelfristigen, bilateralen Beratungsprozess zwischen einem Berater (Coach) und einem einzelnen Klienten (Coachee) (z.B. Weinert, 2004). Nerdinger et al. (2008) nennen als typisch für den Coaching-Prozess einen Zeitraum von 6 bis 9 Monaten mit insgesamt etwa 10 bis 15 ca. zweistündigen Sitzungen. Coaching ist ein eher pragmatisch entwickelter Ansatz, wobei der Begriff in der Praxis inzwischen fast inflationär gebraucht wird (z.B. für Angebote an gestresste Manager für „Coaching" im Minutentakt). Zu den Grundlagen mit Substanz gehören z.B. wieder die sozial-kognitive Lerntheorie, diverse therapeutische Ansätze sowie die klinische Supervisionspraxis. In der PE ist Coaching meist anlassbezogen; typische Anlässe sind etwa die Unterstützung vor oder am Beginn neuer Laufbahnstationen oder die Bewältigung von Konflikten oder anderen besonders belastenden Situationen. Als Coach kommen der direkte Vorgesetzte oder externe Berater in Frage, wobei Vorgesetzte eher informell beim Erlernen konkreter Arbeitsaufgaben als etwa bei der Konfliktbewältigung Hilfestellung bieten können. Für Letzteres bietet sich eher ein formales Coaching durch eine externe geschulte Beraterin an. Weinert (2004) unterscheidet sechs Elemente im formalen Coaching-Prozess: (1) Zuhören; (2) Klärung der Themen; (3) Verhandeln und Vermitteln zwischen Coachee und Dritten; (4) Erziehen und Unterweisen (Analyse des aktuellen Verhaltens), (5) Training (Einüben des Zielverhaltens); (6) Follow-up (Kontrolle mittelfristiger Verhaltensänderung). Gemessen an der Popularität der Methode ist die empirische Befundlage zum Coaching dünn. Joo (2005) fand für eine Überblicksarbeit zwar 78 einschlägige Artikel, von denen aber lediglich einer (!) eine formale Evaluationsstudie berichtet (mit einer, gemessen an der Leistungssteigerung, bescheidenen Effektstärke von $d = .17$; Smither, London, Flautt, Vargas & Kucine, 2003).

Mentoring. Eng mit Coaching verwandt ist das *Mentoring*. Auch hier geht es um einen individuellen Prozess zwischen einem Berater (Mentor) und einem Klienten (Protegé). Im Unterschied zum Coaching ist die Beziehung jedoch weniger intensiv und formal definiert; Mentoring erfolgt meist unabhängig von einem konkreten Anlass personbezogen zu Beginn der Laufbahn des Protegés. Die Mentorin ist weder direkte Vorgesetzte noch professionelle Beraterin, sondern eher eine hochgestellte Person innerhalb der Organisation oder auch eine Managerin im Ruhestand, die über ein großes Maß an Erfahrung und Autorität verfügt. Mentoren erfüllen dabei eine Reihe von karrierebezogenen (u.a. Gewähren von Einblicken, Protektion, Stiftung von Kontakten) und psychosozialen Funktionen (u.a. als Berater, Freund und Vorbild) (vgl. Blickle & Schneider, 2007; Joo, 2005). Zu Effekten des Mentoring liegen im Vergleich zum Coaching wesentlich mehr empirische Befunde vor, die auch schon mehrfach qualitativ und quantitativ zusammengefasst wurden (im Überblick Blickle & Schneider, 2007). Auch hier sind die Effektstärken bestenfalls moderat, liegen aber zumindest für Maße der Zufriedenheit und des Aufstiegs etwa zwischen $\varrho = .20$ bis $.30$.

Selbstmanagement. Zu den individuellen Fördermaßnahmen lassen sich auch Verfahren des Selbstmanagement rechnen. Der Begriff bezeichnet kein bestimmtes Trainingsverfahren, sondern steht als Sammelbezeichnung für eine Reihe von Techniken, mit denen Personen ihr eigenes Arbeitsverhalten zielgerichtet beeinflussen können (König & Kleinmann, 2006). Dies kann unabhängig vom Arbeitgeber erfolgen und gehört damit strenggenommen eigentlich nicht zur PE. König und Kleinmann (2006) unterschieden drei größere Gruppen spezifischer Techniken. *Kognitiv-behaviorale Ansätze* beruhen auf der Anwendung von Lernprinzipien, insbesondere wieder aus der sozial-kognitiven Lerntheorie, wobei hier der Schwerpunkt auf der Selbstbeobachtung und Verstärkung der Selbstwirksamkeitsüberzeugung liegt. Eine zweite Gruppe bilden Trainings, die auf dem *Kompensationsmodell von Motivation und Volition* (Kehr, 2004) beruhen. Hier geht es um das Erkennen von Diskrepanzen zwischen impliziten und expliziten Motiven sowie wahrgenommenen Fähigkeiten, wobei (partielle) Diskrepanzen zwischen diesen Bereichen durch Willensanstrengung, die Anwendung von Problemlösestrategien oder beides aufgelöst werden sollen. Ein dritter Bereich sind Techniken des *Zeitmanagements*, die auf unterschiedlichen Lern-, Motivations- und Entscheidungstheorien beruhen. In entsprechenden Trainings geht es darum, Zeit effizient und gesundheitsfördernd zu nutzen, indem z.B. gelernt wird zu delegieren, Prioritäten zu setzen, Prokrastination zu meiden usw. Insgesamt wurde Selbstmanagement bislang erst selten evaluiert, wobei die meisten positiven Befunde für kognitiv-behaviorale Ansätze vorliegen (s. König & Kleinmann, 2006).

5.4 Transfer von Maßnahmen der Personalentwicklung

Eines der schwierigsten Probleme in der PE ist die Umsetzung des im Trainingskontext erlernten Wissens und der dort eingeübten Verhaltensweisen im beruflichen Alltag. Dieses Problem wird in der Literatur unter dem Stichwort *Transfer* beschrieben. Transfer ist allgemein dann notwendig, wenn in einem bestimmten Kontext (source oder Lernfeld) ein Lernprozess stattgefunden hat und die erlernten Inhalte bei der Problembewältigung in einem anderen Kontext (target oder Funktionsfeld) hilfreich wären (B. Bergmann & Sonntag, 2006; s. dort auch zur Unterscheidung verschiedener Arten von Transfer). Dies ist für die PE ein entscheidender Punkt, da das Ziel in der Anwendung des Erlernten im Funktions- und nicht lediglich im Lernfeld

5.4 Transfer von Maßnahmen der Personalentwicklung

besteht. Abhängig von der Ähnlichkeit zwischen den Aufgaben im Lernfeld und im Funktionsfeld spricht man auch von unterschiedlichen Graden der Nähe oder *Spezifität* des Transfers (die Übertragung genereller Problemlösestrategien auf neuartige Aufgaben wäre z.B. weit bzw. unspezifisch). *Positiver Transfer* bezeichnet dabei eine Übertragung, die für die Problemlösung in der nicht trainierten Situation förderlich ist. Es gibt jedoch auch *negativen Transfer*, wenn nämlich das Erlernte der Ausführung anderer Aufgaben hinderlich ist, weil dadurch z.B. Fehler durch mangelnde Übung entstehen oder auch soziale Konflikte mit Kollegen, die am Althergebrachten hängen. Das Problem in der PE ist jedoch noch öfter das Fehlen einer Übertragung (*Nulltransfer*).

Der Transfer von Trainings kann aus vielerlei Gründen scheitern oder auch gelingen. Ein inzwischen klassisches Modell, das diese Prozesse beschreibt, stammt von Baldwin und Ford (1988). Darin stellt die *Transferleistung* die abhängige Variable dar, die durch den Umfang und die Dauer der Generalisierung des Erlernten auf die Arbeitsaufgaben gekennzeichnet ist. Dies hängt von einer ganzen Reihe von Faktoren ab. Merkmale des *Trainingsinput* klassifizieren die Autoren weiter nach Charakteristika der Trainierten, des Trainings selbst sowie des Arbeitsumfelds (nicht explizit genannt ist übrigens die Person des Trainers, dessen Qualifikation und Bezug zum Unternehmen natürlich auch bedeutsam sind, vgl. Levy, 2006). Diese Merkmale wirken sich teils direkt auf den Transfer aus, teils vermittelt über den *Trainingsoutput*, der durch die Lern- und Behaltensleistung beschrieben wird. Das vollständige Modell ist in Abb. 5.2 dargestellt.

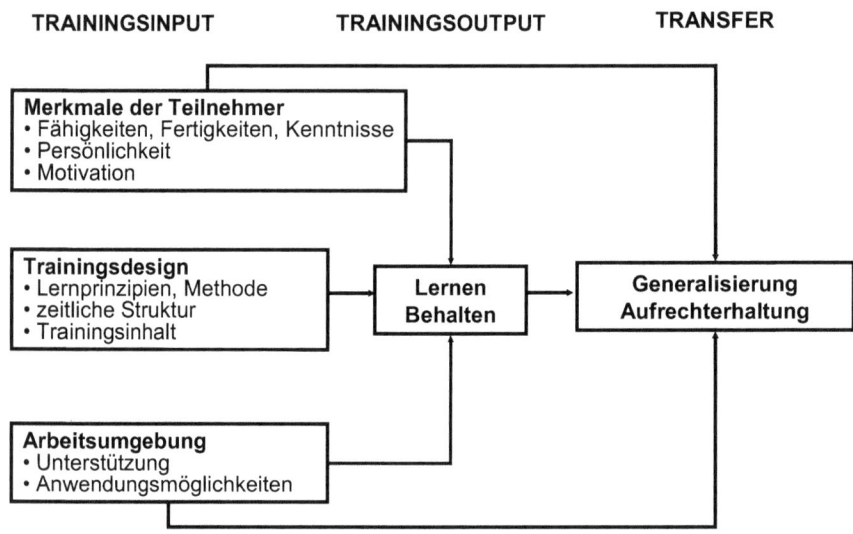

Abbildung 5.2: Modell des Trainingstransfer nach Baldwin & Ford (1988)

Die Autoren benutzten das Modell auch, um (nach damaligem Stand) Defizite in der Transferforschung zu identifizieren (aktuellere Übersichten dazu geben u.a. Aguinis & Kraiger, 2009; Bergmann und Sonntag, 2006; Sonntag, 2004). Als transferförderlich hat sich beim Trainingsdesign insbesondere die Realitätsnähe, d.h. die inhaltliche und strukturelle Entsprechung zwischen Lern- und Funktionsfeld erwiesen. Dies weckt Zweifel am Transfer von Methoden, bei denen die Abgrenzung vom Arbeitsalltag zum Prinzip erhoben wird (s. Abschn. 5.3). Als förderlich hat sich dagegen die Fundierung durch eine Reihe unterschiedlicher Lerntheorien und durch Anforderungsanalysen erwiesen. Auf Seiten der Teilnehmer scheinen besonders die Trainingsmotivation und die Selbstwirksamkeit wichtige Faktoren darzustellen, die ihrerseits wieder durch eine Reihe von stabilen Dispositionen der Trainierbarkeit beeinflusst werden (s. Abschn. 5.2). Auch im Arbeitsumfeld wurden verschiedene transferförderliche Merkmale identifiziert, die zusammen auch als *Transferklima* beschrieben werden. Dazu zählen u.a. die soziale Unterstützung und Ermutigung durch Vorgesetzte und Kollegen, Gelegenheit das Erlernte zu praktizieren, Rückmeldungen über Umsetzungserfolge sowie eine allgemeine Lernkultur, die bspw. dazu ermutigt, eingeschliffene Verhaltensweisen in Frage zu stellen und dabei auch Fehler und Rückschläge zulässt. Aguinis und Kraiger (2009) berichten für viele der genannten Faktoren aber auch gemischte Befunde mit teilweise fehlenden oder unerwarteten Effekten, die von verschiedenen Randbedingungen abhängen. Für die konkrete Gestaltung lohnt daher ein Blick in die vertiefende Literatur.

5.5 Evaluation von Trainingsmaßnahmen

Für die Evaluation einer PE-Maßnahme sind insbesondere Empfehlungen zum Design sowie zur Art der verwendeten Kriterien zu beachten. Ferner sollen in diesem Abschnitt einige Befunde aus Metaanalysen zur Evaluation bestimmter Trainingsmethoden berichtet werden.

Bei der (summativen) Evaluation von PE-Maßnahmen interessiert man sich aus psychologischer Sicht vorwiegend für den Effekt des Trainings gegenüber dem Verzicht auf ein Training oder manchmal auch gegenüber alternativen Maßnahmen (zu Evaluationsansätzen anderer Fächer s. Thierau-Brunner, Wottawa & Stangel-Meseke, 2006). Man prüft also überwiegend Unterschiedshypothesen. Deshalb werden PE-Maßnahmen meist experimentell bzw. quasi-experimentell evaluiert (vgl. Marcus, 2011), während bspw. Personalauswahlverfahren standardmäßig in nicht-experimentellen Designs validiert werden. Dies führt dazu, dass die Effektstärke bei Trainingsevaluationen i.d.R. als standardisierter Mittelwertsunterschied d gemessen wird, während in der Personalauswahl und ähnlich evaluierten Maßnahmen der Korrelationskoeffizient r dominiert (bzw. in Metaanalysen ρ). Die weiter unten zitierten Ergebnisse aus Metaanalysen zu Trainings sind deshalb mit den meisten anderen in diesem Text berichteten Daten nicht direkt vergleichbar. Als Faustregel für kleine bis mittlere Effekte bildet die einfache Umrechnungsformel $d \approx 2r$ (bzw. 2ρ) eine brauchbare Annäherung. Eine Korrelation von z.B. $r = .20$ entspricht also einem Mittelwertseffekt von ca. $d = .40$.

Design. Für das Design kommen im Prinzip zahlreiche Varianten (quasi-) experimenteller Versuchsanordnungen in Frage. Einige typische Besonderheiten der Trainingsforschung erschweren hier allerdings, verglichen mit grundlagenorientierten Laborexperimenten, valide Schlussfolgerungen (vgl. Thierau-Brunner et al., 2006). Erstens erlaubt die Vielzahl möglicher Einflussfaktoren neben der eigentlichen Trainingsmethode (s.o. Abschn. 5.4) kaum eine umfassende experimentelle Kontrolle über das Design. Zweitens lassen sich Drittvariablen auch kaum durch Randomisierung kontrollieren, da eine Zuweisung von Mitarbeitern zu PE-Maßnahmen nach dem Zufallsprinzip i.d.R. aus naheliegenden Gründen ausscheidet. Trainingsevaluation ist ein klassisches Feld für Quasi-Experimente (vgl. einführend Marcus, 2011), wobei aufgrund betrieblicher Sachzwänge oft methodische Kompromisse in Kauf genommen werden müssen. Um nur ein Beispiel zu nennen: Wenn die Teilnahme am Training im Betrieb zum Kantinengesprächsstoff wird, liefern Kontrollgruppen kaum wirklich unabhängige Daten. Drittens erfordert die Kontrolle des dauerhaften Transfererfolgs ein längsschnittliches Design mit mehreren Messzeitpunkten, das sich aus Gründen der Forschungsökonomie nicht immer realisieren lässt. Exkurs 5.1 stellt einige spezifische quasi-experimentelle Designs vor (vgl. zu auch experimentellen Designs Thierau-Brunner et al., 2006). Auf jeden Fall ist zu empfehlen, durch das Design nicht kontrollierbare Drittvariablen so weit als möglich zu messen, um sie später wenigstens statistisch kontrollieren zu können. Über einzelne Schritte bei der Planung und Durchführung von Trainingsevaluationen und die dabei eingesetzten Instrumente informieren z.B. Höft (2006) oder Thierau-Brunner et al. (2006).

Exkurs 5.1: Beispiele quasi-experimenteller Designs in der Trainingsforschung

Im Folgenden werden kurz drei spezifische Designs für Quasi-Experimente mit spezieller Relevanz für die Trainingsevaluation vorgestellt (nach Thierau-Brunner et al., 2006). Dabei steht jede Zeile für die Messwertreihe in einer Trainingsgruppe, O steht für eine Kriterienmessung oder Beobachtung und X für ein Treatment bzw. Training.

Einfaches Zeitreihen-Design $\quad O_1 \quad O_2 \quad O_3 \quad X \quad O_4 \quad O_5 \quad O_6$

Dieses Design ohne Kontrollgruppe liefert Hinweise auf einen Trainingseffekt, wenn sich zwischen den Vor- und Nach-Treatment-Messungen in der Messwertreihe eine Diskontinuität ergibt. Alternative Erklärungen lassen sich damit aber nicht schlüssig widerlegen.

5.5 Evaluation von Trainingsmaßnahmen

Institutionelle Zyklusanalyse

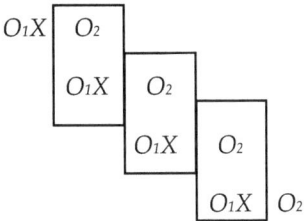

Wenn mehrere Gruppen das gleiche Training nacheinander durchlaufen, ist es möglich, die Messzeitpunkte vor und nach dem Training so abzugleichen, dass die nachfolgende Gruppe jeweils als Kontrollgruppe der vorherigen Gruppe fungiert. Die Vergleiche der Vor- und Nachmessungen werden interpretiert wie im entsprechenden experimentellen Kontrollgruppendesign.

Mehrphasen-Design

$$O_1 X \quad O_2 \quad O_3$$
$$O_1 \quad O_2 X \quad O_3$$

Hier wird die Trainingsgruppe in zwei Teilgruppen aufgeteilt, die, wie in der Zyklusanalyse, phasenverschoben mit der gleichen Methode trainiert werden. Durch die zeitlich parallele Kriterienmessung zu drei Zeitpunkten können Trainingseffekte von Veränderungen außerhalb der Trainingsphase getrennt werden.

Evaluationskriterien. Eine zentrale Frage bei der Evaluation ist, woran der Trainingserfolg gemessen werden soll. Ein Standardkriterium, wie es Leistungsbeurteilungen für die Auswahlinstrumente darstellen, existiert für PE-Maßnahmen nicht. Die Kriterien sind hier ausgesprochen heterogen; es gibt jedoch auch Parallelen zur Personalauswahl (s.u.). Eine klassische Taxonomie von Trainingskriterien stammt von Kirkpatrick (1960), der vier Klassen von Evaluationskriterien spezifizierte. Dieses Rahmenkonzept wurde später von Alliger, Tannenbaum, Bennett, Traver und Shotland (1997) aufgrund empirischer Befunde um einige Subfacetten erweitert. Nachfolgend sind die Kirkpatrick-Kriterien in der Version von Alliger et al. dargestellt. Aus der gleichen Arbeitsgruppe stammen Modelle der Trainingseffektivität, in denen diese Kriterien mit dem Transfermodell von Baldwin und Ford (1988) verbunden werden (vgl. Höft, 2006).

- *Reaktionen*: Hierunter fallen subjektive Bewertungen durch die Teilnehmer, die normalerweise unmittelbar im Anschluss an das Training durch Befragung erhoben werden. Alliger et al. unterscheiden dabei weiter in *affektive Reaktionen* („Wie hat es Ihnen gefallen?") und *subjektive Nutzeneinschätzungen* („Was hat es Ihnen gebracht?"). Reaktionskriterien entsprechen in etwa dem, was man in der Personalauswahl unter Akzeptanz versteht.
- *Lernerfolg*: Hierunter fallen Kriterien für das Ausmaß, in dem die Lernziele des Trainings erreicht wurden, beschränken sich aber inhaltlich auf das Lernfeld. Je nach Gegenstand des Trainings können dies Maße für den Wissenszuwachs, erlernte Fertigkeiten oder Einstellungsänderungen sein (Kraiger, Ford & Salas, 1993). Alliger et al. differenzieren hier zwischen unmittelbar nach dem Training applizierten *Wissenstests*; mit zeitlicher Verzögerung erhobenen Maßen der *Behaltensleistung*, sowie der praktischen *Demonstration von Fertigkeiten*, die im Training erworben wurden.
- *Transfer*: Als Transferkriterien bezeichnen Alliger et al. Maße, die Kirkpatrick noch Verhaltenskriterien nannte. Im Unterschied zum Lernerfolg geht es hier um Verhaltensänderungen, die im Funktionsfeld, also bei der Ausübung der eigentlichen Arbeit, beobachtet wurden. Wie bei der Validierung von Auswahlverfahren erfolgt die Erhebung i.d.R. durch subjektive oder objektive Maße individueller Leistung, so dass mit diesen Kriterien erhobene Befunde der PE-Evaluation mit solchen zur Personalauswahl am ehesten vergleichbar sind.
- *Ergebnisse*: Ergebniskriterien beziehen sich im Trainingskontext, anders als in der Leistungsmessung, auf Maße, die auf der Ebene der Organisation oder zumindest überindividueller Einheiten erhoben wurden. Dazu zählen bspw. Kennziffern der Produktivität, der Kundenzufriedenheit oder auch des finanziellen Unternehmenserfolgs. Diese ausgesprochen indirekten Indikatoren des Trainingserfolgs werden in der PE-Forschung empirisch oft durch Nutzenanalysen (vgl. Abschn. 3.3.2) angenähert (Arthur, Bennett, Edens & Bell, 2003).

Alliger et al. (1997) untersuchten metaanalytisch Zusammenhänge zwischen den verschiedenen Arten von Trainingskriterien (mit Ausnahme von Ergebniskriterien, weil diese ja nicht auf der individuellen Ebene vorliegen). Ihr Hauptergebnis ist, dass unterschiedliche Arten von Kriterien untereinander kaum korrelieren. Substanzielle Zusammenhänge über $r = .30$ fanden sich nur innerhalb der gleichen Oberkategorie zwischen verschiedenen Reaktions- und Lernkriterien. Auf den Transfer wirkten sich subjektive Nutzeneinschätzungen und demonstrierte Fertigkeiten mit jeweils $r = .18$ noch geringfügig aus, affektive Reaktionen aber bspw. praktisch gar nicht ($r = .07$). Dies ist ein bemerkenswerter Befund angesichts des Umstands, dass affektive Reaktionen oft die einzigen empirisch ermittelten Evaluationskriterien darstellen, weil sie einfach zu ermitteln sind, oder vielleicht auch, weil sich hier günstige Ergebnisse erwarten lassen.

Evaluationsbefunde. Evaluationsstudien zu einigen Standardverfahren der PE wurden inzwischen mehrfach metaanalytisch untersucht (vgl. dazu auch Holling & Liepmann, 2004). Ältere Arbeiten (z.B. Burke & Day, 1986) sind dabei aufgrund der noch eingeschränkten Entwicklung metaanalytischer Methoden in den 1980ern mit einiger Vorsicht zu interpretieren. Eine neuere, relativ umfassende Metaanalyse stammt von Arthur et al. (2003). Diese Autoren legten eine Klassifikation der Methoden nach trainierten Fertigkeiten (kognitiv, psychomotorisch oder sozial bzw. interpersonal) zugrunde, während Burke und Day (1986) sich auf die Führungskräfteentwicklung mittels einiger klassischer Methoden (traditionelle Formen wie Frontalunterricht, ferner Sensitivity und Behavior Modeling Training) beschränkten, so dass die Ergebnisse beider Metaanalysen kaum unmittelbar vergleichbar sind. Einige Kernbefunde aus beiden Studien sind in Tab. 5.2 zusammengefasst, wobei jeweils die mittlere Effektstärke d berichtet wird (nach Stichprobengröße gewichtet, jedoch ohne Artefaktkorrektur). Es ist zu erkennen, dass sich durchaus für unterschiedliche Methoden und Erfolgskriterien positive Effekte von oft mittlerer Stärke (der konventionelle Grenzwert dafür ist $d = .50$) zeigen, die manchmal auch die Grenze zu starken Effekten ($d = .80$) überschreiten. Speziell zum Behavior Modeling Training gibt es auch eine aktuellere und wesentlich umfangreichere Metaanalyse, die 117 Evaluationsstudien einschließt (P. Taylor, Russ-Eft & Chan, 2005). Starke Effekte fanden sich für den an Wissen und Fertigkeiten gemessenen Lernerfolg, während die an Änderungen von Einstellungen ($d = .29$), beruflichem Verhalten ($d = .25$) und Ergebnissen ($d = .10$ bis $.12$) gemessenen Erfolge deutlich bescheidener ausfielen. Diese Studie erlaubte auch eine Untersuchung der Entwicklung von Trainingseffekten im Zeitverlauf. Die Ergebnisse deuten darauf hin, dass das erworbene Wissen mit der Zeit zwar abnimmt, Fertigkeiten aber gut erhalten bleiben und sich teils, mglw. aufgrund von Übungsgewinnen in der Praxis, sogar noch mit zeitlicher Verzögerung verbessern.

Tabelle 5.2: Ausgewählte Befunde aus Metaanalysen zur Trainingsevaluation

Kriterium	Reaktionen	Lernen	Transfer	Ergebnisse
Arthur et al. (2003)				
Psychomotorische Trainings	.60	.80	.71	.43
Kognitive Trainings	.61	.58	.61	.60
Interpersonale Trainings		.68	.54	.88
Burke & Day (1986)				
Traditionelle Formen		.66	.34	.52
Sensitivity Training		.86	.73	
Behavior Modeling Trainings		.99	.78	

📖 *Weiterführende Literaturempfehlungen*

Bergmann, B., & Sonntag, K. (2006). Transfer: Die Umsetzung und Generalisierung erworbener Kompetenzen in den Arbeitsalltag. In K. Sonntag (Hrsg.), *Personalentwicklung in Organisationen* (3. überarb. u. erw. Aufl.) (S. 355-388). Göttingen: Hogrefe.
Holling, H., & Liepmann, D. (2004). Personalentwicklung. In H. Schuler (Hrsg.), *Lehrbuch Organisationspsychologie* (3. überarb. Aufl.) (S 345-383). Bern: Huber.
Schuler, H. (Hrsg.) (2006). *Lehrbuch der Personalpsychologie* (2. überarb. u. erw. Aufl.) Göttingen: Hogrefe. (insbes. Kap. 9, 10 und 25).
Sonntag, K. (2004). Personalentwicklung. In H. Schuler (Hrsg.) *Organisationspsychologie – Grundlagen und Personalpsychologie. Enzyklopädie der Psychologie. D/III/3* (S. 827-890). Göttingen: Hogrefe.

Literaturverzeichnis

Aguinis, H., & Kraiger, K. (2009). Benefits of training and development for individuals and team, organziations, and society. *Annual Review of Psychology, 60*, 451-475.

Aiello, J. R. & Kolb, K. J. (1995). Electronic performance monitoring and social context: Impact on productivity and stress. *Journal of Applied Psychology, 80*, 339-353.

Alliger, G. M., Tannenbaum, S. I., Bennett, W., Traver, H., & Shotland, A. (1997). A meta-analysis of the relations among training criteria. *Personnel Psychology, 50*, 341-358.

Anderson, N., Salgado, J. F., & Hülsheger, U. (2010). Applicant reactions in selection: Comprehensive meta-analysis into reaction generalization versus situational specificity. *International Journal of Selection and Assessment, 18*, 271-281.

Armstrong, M. (2009). *Armstrong's handbook of human resource management practices* (11th ed.). London: Kogan Page.

Arthur, W., Bennett, W., Edens, P. S., & Bell, S. T. (2003). Effectiveness of training in organizations: A meta-analysis of design and evaluation features. *Journal of Applied Psychology, 88*, 234-245.

Arthur, W., Day, E. A., McNelly, T. L., & Edens, P. S. (2003). A meta-analysis of the criterion-related validity of assessment center dimensions. *Personnel Psychology, 56*, 125-154.

Asendorpf, J. B. (2007). *Psychologie der Persönlichkeit* (4. Aufl.). Berlin: Springer.

Baldwin, T. T., & Ford, J. K. (1988). Transfer of training: A review and directions for future research. *Personnel Psychology, 41*, 63-105.

Bandura, A. (1986). *Social foundations of thought and action: A social cognitive theory.* Englewood Cliffs, NJ: Prentice-Hall.

Barrick, M. R., Mount, M. K., & Judge, T. A. (2001). Personality and performance at the beginning of the new millennium: What do we know and where do we go next? *International Journal of Selection and Assessment, 9*, 9-30.

Becker, M. (2009). *Personalentwicklung. Bildung, Förderung und Organisationsentwicklung in Theorie und Praxis.* Stuttgart: Schäffer-Poeschel.

Behringer, F., Moraal, D., & Schönfeld, G. (2008). Betriebliche Weiterbildung in Europa: Deutschland weiterhin nur im Mittelfeld. Aktuelle Ergebnisse aus CVTS 3. *BWP, 1/2008*, 9-14.

Bergmann, B., & Sonntag, K. (2006). Transfer: Die Umsetzung und Generalisierung erworbener Kompetenzen in den Arbeitsalltag. In K. Sonntag (Hrsg.), *Personalentwicklung in Organisationen* (3. überarb. u. erw. Aufl.) (S. 355-388). Göttingen: Hogrefe.

Bergmann, C. (2004). Berufswahl. In H. Schuler (Hrsg.) *Organisationspsychologie – Grundlagen und Personalpsychologie. Enzyklopädie der Psychologie. D/III/3* (S. 343-387). Göttingen: Hogrefe.

Bergmann, C., & Eder, F. (2005). *Allgemeiner Interessen-Struktur-Test (AIST-R) mit Umwelt-Struktur-Test (UST-R)*. Göttingen: Hogrefe.

Bernardin, H. J., & Beatty, R. W. (1984). *Performance appraisal: Assesssing human behavior at work*. Boston: Kent.

Berry, C. M., Ones, D. S., & Sackett, P. R. (2007). Interpersonal deviance, organizational deviance, and their common correlates: A review and meta-analysis. *Journal of Applied Psychology, 92*, 409-423.

Binning, J. F., & Barrett, G. V. (1989). Validity of personnel decisions: A conceptual analysis of the inferential and evidential bases. *Journal of Applied Psychology, 74*, 478-494.

Birkeland, S. A., Manson, T. M., Kisamore, J. L., Brannick, M. T., & Smith, M. A. (2006). A meta-analytic investigation of job applicant faking on personality measures. *International Journal of Selection and Assessment, 14*, 317-335.

Blickle, G., & Schneider, P. (2007). Mentoring. In H. Schuler & K. Sonntag (Hrsg.), *Handbuch der Psychologie, Arbeits- und Organisationspsychologie* (S. 395-402). Göttingen: Hogrefe.

Bliesener, T. (1996). Methodological moderators in validating biographical data in personnel selection. *Journal of Occupational und Organizational Psychology, 69*, 107-120.

Bommer, W. H., Johnson, J. L., Rich, G. A., Podsakoff, P. M. & MacKenzie, S. B. (1995). On the interchangeability of objective and subjective measures of employee performance: A meta-analysis. *Personnel Psychology, 48*, 587-605.

Borman, W. C. & Motowidlo, S. J. (1993). Expanding the criterion domain to include elements of contextual performance. In N. Schmitt & W. C. Borman (Eds.), *Personnel selection in organizations* (pp. 71-98). San Francisco: Jossey-Bass.

Borman, W. C. (1991). Job behavior, performance, and effectiveness. In M. D. Dunnette & L. M. Hough (Eds.), *Handbook of industrial and organizational psychology* (Vol. 2) (pp. 271-326). Palo Alto, CA: Consulting Psychology Press.

Borman, W. C., Penner, L. A., Allen, T. D., & Motowidlo, S. J. (2001). Personality predictors of citizenship performance. *International Journal of Selection and Assessment, 9*, 52-69.

Bortz, J. (2005). *Statistik: für Human- und Sozialwissenschaftler* (5. Aufl.). Berlin: Springer.

Brogden, H. E. (1949). When testing pays off. *Personnel Psychology, 2*, 171-184.

Brown, S. D., & Lent, R. W. (Eds.) (2005). *Career development and counseling: Putting theory and research to work*. Hoboken, NJ: Wiley.

Burke, M. J., & Day, R. R. (1986). A cumulative study of the effectiveness of managerial trainings. *Journal of Applied Psychology, 78*, 232-245.

Campbell, J. P., McCloy, R. A., Oppler, S. H. & Sager, C. E. (1993). A theory of performance. In N. Schmitt & W. C. Borman (Eds.), *Personnel selection in organizations* (pp. 35-70). San Francisco, CA: Jossey-Bass.

Catano, V. M., Wiesner, W. H., Hackett, R. D., & Methot, L. L. (2005). *Recruitment and selection in Canada* (3rd ed.). Toronto: Thomson-Nelson.

Chapman, D. S., Uggerslev, K. L., Carroll, S. A., Piasentin, K. A., & Jones, D. A. (2005). Applicant attraction to organizations and job choice: A meta-analytic review of the correlates of recruiting outcomes. *Journal of Applied Psychology, 90*, 928-944.

Clark, T. (1993). Selection methods used by executive search consultancies in four European countries: A survey and critique. *International Journal of Selection and Assessment, 1*, 41-49.

Cleveland, J. N., Murphy, K. R., & Williams, R. E. (1989). Multiple uses of performance appraisal: Prevalence and correlates. *Journal of Applied Psychology, 74*, 130-135.

Conway, J. M., & Huffcutt, A. I. (1997). Psychometric properties of multisource performance ratings: A meta-analysis of subordinate, supervisor, peer, and self-ratings, *Human Performance, 10*, 331-360.

Cook, M. (2009). Personnel selection: Adding value through people (5th ed.). Chichester: Wiley-Blackwell.

Costa, P. T., McCrae, R. R., & Kay, G. G. (1995). Persons, places, and personality: Career assessment using the Revised NEO-Personality Inventory. *Journal of Career Assessment, 3*, 123-139.

Cronbach, L. J. (1955). Processes affecting scores on "understanding of others" and "assumed similarity". *Psychogoical Bulletin, 52*, 177-193.

Cronbach, L. J., & Gleser, G. C. (1965). *Psychological tests and personnel decisions*. University of Illinois Press: Urbana.

Dalal, R. S. (2005). A meta-analysis of the relationship between organizational citizenship behavior and counterproductive behavior. *Journal of Applied Psychology, 90*, 1241-1255.

Dawis, R. V. (1991). Vocational interests, values, and preferences. In M. D. Dunette & L. M. Hough (eds.), *Handbook of industrial and organizational psychology* (2nd ed., Vol. 2, pp. 833-871). Palo Alto, CA: Consulting Psychologists Press.

Deutsches Institut für Normung e.V. (2002). DIN 33430: *Anforderungen an Verfahren und deren Einsatz bei berufsbezogenen Eignungsbeurteilungen*. Berlin: Beuth.

Dörner, D., Kreuzig, H. W., Reither, F., & Stäudel, T. (1983). *Lohhausen. Vom Umgang mit Unbestimmtheit und Komplexität*. Bern: Huber.

Drumm, H.-J. (2008). *Personalwirtschaft* (6. überarb. Aufl.). Berlin: Springer.

Dudley, N. M., Orvis, K. A., Lebiecki, J. E., & Cortina, J. M. (2006). A meta-analytic investigation of conscientiousness in the prediction of job performance: Examining the intercorrelations and the incremental validity of narrow traits. *Journal of Applied Psychology, 91*, 40-57.

Dunckel, H., & Resch, M. G. (2010). Arbeitsanalyse. In U. Kleinbeck & K.-H. Schmidt (Hrsg.), *Arbeitspsychologie. Enzyklopädie der Psychologie. D/III/1* (S. 1111-1158). Göttingen: Hogrefe.

Dye, D. A., Reck, M., & McDaniel, M. A. (1993). The validity of job knowledge measures. *International Journal of Selection and Assessment, 1*, 153-157.

Eckardt, H. H., & Schuler, H. (1992). Berufseignungsdiagnostik. In R. S. Jäger & F. Petermann (Hrsg.), *Psychologische Diagnostik* (2. Aufl.) (S. 533-551). Weinhiem: Psychologie Verlags Union.

Fine, S. A., & Cronshaw, S. F. (1999). *Functional job analysis: A foundation for human resources management.* Mahwah, NJ: Lawrence Erlbaum.

Flanagan, J. C. (1954). The critical incident technique. *Psychological Bulletin, 52*, 327-358.

Fleishman, E. A. (1992). *The Fleishman Job Analysis System.* Palo Alto, CA: Consulting Psychologist Press.

Frieling, E., & Hoyos, C. G. (1978). *Fragebogen zur Arbeitsanalyse (FAA): Deutsche Bearbeitung des Position Analysis Questionnaire (PAQ).* Bern: Huber.

Gaugler, B. B., Rosenthal, D. B., Thornton, G. C., & Bentson, C. (1987). Meta-analysis of assessment center validity. *Journal of Applied Psychology, 72*, 493-511.

Gilliland, S. W. (1993). The perceived fairness of selection systems: An organizational justice perspective. *Academy of Management Review, 18*, 694-734.

Goffin, R. D., Gellatly, I. R., Paunonen, S. V., Jackson, D. N., & Meyer, J. P. (1996). Criterion validation of two approaches to performance appraisal: The Behavior Observation Scale and the Relative Percentile Method. *Journal of Business and Psychology, 11*, 37-47.

Goffman, E. (1959). *The presentation of self in everyday life.* New York: Doubleday.

Görlich, Y., & Schuler, H. (2006). Personalentscheidungen, Nutzen, Fairness. In H. Schuler (Hrsg.), *Lehrbuch der Personalpsychologie.* (S. 797-841). Göttingen: Hogrefe.

Gottfredson, M. R., & Hirschi, T. (1990). *A general theory of crime.* Stanford, CA: Stanford University Press.

Greif, S., & Kluge, A. (2004). Lernen in Organisationen. In H. Schuler (Hrsg.) *Organisationspsychologie – Grundlagen und Personalpsychologie. Enzyklopädie der Psychologie. D/III/3* (S. 752-813). Göttingen: Hogrefe.

Griffin, M. A., Neal, A., & Parker, S. K. (2007). A new model of work role performance: Positive behavior in uncertain and interdependent contexts. *Academy of Management Journal, 50*, 327–347.

Hardison, C. M., & Sackett, P. R. (2004). *Assessment center criterion related validity: A meta-analytic update*. Los Angeles: Paper presented at the 20th Annual Conference of the Society for Industrial and Organizational Psychology.

Harvey, R. J. (1991). Job analysis. In M. D. Dunnette & L. M. Hough (Eds.), *Handbook of industrial and organizational psychology* (2nd ed. Vol. 2) (pp. 71-164). Palo Alto, CA: Consulting Psychologist Press.

Hausknecht, J. P., Day, D. V., & Thomas, S. C. (2004). Applicant reactions to selection procedures: An updated model and meta-analysis. *Personnel Psychology, 57*, 639-683.

Hirsh, H. R., Schmidt, F. L., & Hunter, J. E. (1986). Estimation of employment validities by less experienced judges. *Personnel Psychology, 39*, 337-344.

Höft, S. (2006). Erfolgsüberprüfung personalpsychologischer Arbeit. In H. Schuler (Hrsg.), *Lehrbuch der Personalpsychologie.* (2. überarb. u. erw. Aufl.) (S. 761-797). Göttingen: Hogrefe.

Höft, S., & Funke, U. (2006). Simulationsorientierte Verfahren der Personalauswahl. In H. Schuler (Hrsg.), *Lehrbuch der Personalpsychologie.* (2. überarb. u. erw. Aufl.) (S. 145-189). Göttingen: Hogrefe.

Höft, S., & Wolf, B. (Hrsg.) (2003). *Qualitätsstandards für Personalentwicklung in Wirtschaft und Verwaltung. Wie Konzepte greifen.* Hamburg: Windmühle.

Holland, J. L. (1997). *Making vocational choices: A theory of vocational personalities and work environments* (3rd ed.). Odessa, FL: Psychological Assessment Resources.

Holling, H., & Liepmann, D. (2004). Personalentwicklung. In H. Schuler (Hrsg.), *Lehrbuch Organisationspsychologie* (3. überarb. Aufl.) (S 345-383). Bern: Huber.

Hossiep, R. & Paschen, M. (2003). *Bochumer Inventar zur berufsbezogenen Persönlichkeitsbeschreibung (BIP)* (2. vollst. überarb. Aufl.). Göttingen: Hogrefe.

Huffcutt, A. I., & Arthur, Jr., W. (1994). Hunter and Hunter (1984) revisited: Interview validity for entry-level jobs. *Journal of Applied Psychology, 79*, 184-190.

Hülsheger U. R., & Maier G.W. (2008). Persönlichkeitseigenschaften, Intelligenz und Erfolg im Beruf: eine Bestandsaufnahme internationaler und nationaler Forschung. *Psychologische Rundschau, 59*, 108-122.

Hülsheger, U. R., Maier, G. W., & Stumpp, T. (2007). Validity of general mental ability for the prediction of job performance and training success in Germany: A meta-analysis. *International Journal of Selection and Assessment, 15*, 3-18.

Hülsheger, U. R., Specht, E., & Spinath, F. M. (2006). Validität des BIP und des NEO-PI-R: Wie geeignet sind ein berufsbezogener und ein nicht explizit berufsbezogener Persönlichkeitstest zur Erklärung von Berufserfolg? *Zeitschrift für Arbeits- und Organisationspsychologie, 50*, 135-147.

Hunter, J. E., & Hunter, R. F. (1984). Validity and utility of alternate predictors of job performance. *Psychological Bulletin, 96*, 72-98.

Hunter, J. E., & Schmidt, F. L. (2004). *Methods of meta-analysis*. (2nd ed.). Newburg Park CA: Sage.

International Task Force on Assessment Center Guidelines, (2009). Guidelines and ethical considerations for assessment center operations. *International Journal of Selection and Assessment, 17*, 243-253.

Janz, T., Hellervik, L., & Gilmore, D. C. (1986). *Behavior Description Interviewing*. Newton, MA: Allyn & Bacon.

Jawahar, I. M. & Williams, C. R. (1997). Where all the children are above average: The performance appraisal purpose effect. *Personnel Psychology, 50*, 905-925.

Joo, B.-K. (2005). Executive coaching: A conceptual framework from an integrative review of practice and research. *Human Resource Development Review, 4*, 462-488.

Judge, T. A., Bono, J. E., Ilies, R., & Gerhardt, M. W. (2002). Personality and leadership: A qualitative and quantitative review. *Journal of Applied Psychology, 87*, 765-780.

Judge, T. A., Colbert, A. E., & Ilies, R. (2004). Intelligence and leadership: A quantitative review and test of theoretical propositions. *Journal of Applied Psychology, 89*, 542-552.

Judge, T. A., Heller, D., & Mount, M. K. (2002). Five-factor model of personality and job satisfaction: A meta-analyses. *Journal of Applied Psychology, 87*, 530-541.

Kehr, H. M. (2004). Integrating implicit motives, explicit motives, and perceived abilities: The compensatory model of work motivation and volition. *Academy of Management Review, 29*, 479-499.

Kirkpatrick, D. L. (1960). Techniques for evaluation training programs. *Journal of American Society of Training Directors, 14*, 13-18, 28-32.

Kleinmann, M., Manzey, D., Schumacher, S., & Fleishman, E.A. (2010). *F-JAS Fleishman – Job Analyse System für eigenschaftsbezogene Anforderungsanalysen*. Göttingen: Hogrefe.

König, C. J., & Kleinmann, M. (2006). Selbstmanagement. In H. Schuler (Hrsg.), *Lehrbuch der Personalpsychologie* (2. Auflage) (S. 331-348). Göttingen: Hogrefe.

König, C., Klehe, U.-C., Berchtold, M., & Kleinmann, M. (2010). Reasons for being selective when choosing personnel selection procedures. *International Journal of Selection and Assessment, 18*, 17-27.

Kraiger, K., Ford, J. K., & Salas, E. (1993). Application of cognitive, skill-based, and affective theories of learning outcomes to new methods of training evaluation. *Journal of Applied Psychology, 78*, 311-328.

Krause, D. E., & Thornton, G. C. (2009). A cross-cultural look at assessment center practices: Survey results from Western Europe and North America. *Applied Psychology: An International Review, 58*, 557-585.

Kristof, A. L. (1996). Person-organization fit: An integrative review of its conceptualizations, measurements, and implications. *Personnel Psychology, 49*, 1-49.

Kristof-Brown, A. L., Zimmerman, R. D., & Johnson, E. C. (2005). Consequences of individuals' fit at work: A meta-analysis of person-job, person-organization, person-group, and person-supervisor fit. *Personnel Psychology, 58*, 281-342.

Lang, J. W. B, Kersting, M., Hülsheger, U. R., & Lang, J. (2010). General mental ability, narrower cogntive abilities, and job performance: The perspective of the nested-factor model of cognitive abilities. *Personnel Psychology, 63*, 595-640.

LaPolice, C., Carter, G. W., & Johnson, J. W. (2008). Linking O*NET descriptors to occupational literacy requirements using job component validation. *Personnel Psychology, 61*, 405-441.

Latham, G. P., & Saari, L. M. (1979). The application of social learning theory to training supervisors through behavior modeling. *Journal of Applied Psychology, 64*, 239-246.

Latham, G. P., & Whyte, G. (1994). The futility of utility analysis. *Personnel Psychology, 47*, 31-46.

Latham, G. P., Saari, L. M., Pursell, E. D., & Campion, M. A. (1980). The situational interview. *Journal of Applied Psychology, 65*, 422-427.

LePine, J. A, Erez, A., & Johnson, D. E. (2003). The nature and dimensionality of organizational citizenship behavior: A critical review and meta-analysis. *Journal of Applied Psychology, 87*, 52-65.

Levine, E.L., Ash, A. M., Hall, H., & Sistrunk, F. (1983). Evaluation of job analysis methods by experienced job analysts. *Academy of Management Journal, 26*, 339-348.

Levy, P. E. (2006). *Industrial / Organizational Psychology. Understanding the workplace* (2nd ed.). Boston: Houghton Mifflin Company.

Levy, P. E., & Williams, J. R. (2004). The social context of performance appraisal: A review and framework for the future. *Journal of Management, 30*, 881-905.

Lewin, K. (1963). *Feldtheorie in den Sozialwissenschaften*. Bern: Huber.

Lievens, F., Sanchez, J. I., & De Corte, W. (2004). Easing the inferential leap in competency modeling: The effects of task-related information and subject matter expertise. *Personnel Psychology, 57*, 881-904.

Mael, F. A. (1991). A conceptual rationale for the domain and attributes of biodata items. *Personnel Psychology, 44*, 763-792.

Marcus, B. (2000). *Kontraproduktives Verhalten im Betrieb: Eine individuumsbezogene Perspektive*. Göttingen: Verlag für Angewandte Psychologie.

Marcus, B. (2001). Erklärungsansätze kontraproduktiven Verhaltens im Betrieb. In R.K. Silbereisen & M. Reitzle (Hrsg.), *Psychologie 2000* (S. 414-425). Lengerich: Pabst.

Marcus, B. (2003a). Attitudes toward personnel selection methods: A partial replication and extension in a German sample. *Applied Psychology: An International Review, 52*, 515-532.

Marcus, B. (2003b). Persönlichkeitstests in der Personalauswahl: Sind „sozial erwünschte" Antworten wirklich nicht wünschenswert? *Zeitschrift für Psychologie, 211*, 138-148.

Marcus, B. (2006). *Inventar berufsbezogener Einstellungen und Selbsteinschätzungen (IBES)*. Göttingen: Hogrefe.

Marcus, B. (2007). Neuere Erkenntnisse zum Inventar berufsbezogener Einstellungen und Selbsteinschätzungen (IBES). *Zeitschrift für Personalpsychologie, 6*, 129-132.

Marcus, B. (2009). "Faking" from the applicant's perspective: A theory of self-presentation in personnel selection settings. *International Journal of Selection and Assessment, 17*, 417-430.

Marcus, B. (2011). *Einführung in die Arbeits- und Organisationspsychologie*. Wiesbaden: VS Verlag.

Marcus, B., Goffin, R. D., Johnston, N. M., & Rothstein, M. (2007). Personality and cognitive ability as predictors of typical and maximum managerial performance. *Human Performance, 20*, 275-285.

Marcus, B., & Schuler, H. (2004). Antecedents of counterproductive behavior at work: A general perspective. *Journal of Applied Psychology, 89*, 647-660.

Marcus, B., & Schuler, H. (2006). Leistungsbeurteilung. In H. Schuler (Hrsg.), *Lehrbuch der Personalpsychologie* (2. überarb. Aufl.) (S.433-469). Göttingen: Hogrefe.

McClelland, D. C. (1973). Testing for competence rather than for "intelligence". *American Psychologist, 28*, 1-14.

McCormick, E.J., Jeanneret, P.R., & Mecham, R. C. (1989). *Position Analysis Questionnaire (PAQ, 2nd ed.)*. Bellingham, WA : PAQ Services.

McDaniel, M. A., Hartman, N. S., Whetzel, D. L., & Grubb, W. L. (2007). Situational judgment tests, response instructions, and validity: A meta-analysis. *Personnel Psychology, 60*, 63-91.

Morgeson, F.P, Campion, M.A., Dipboye, R.L., Hollenbeck, J.R., Murphy, K. & Schmitt, N. (2007a). Reconsidering the use of personality tests in personnel selection contexts. *Personnel Psychology, 60*, 683-729.

Morgeson, F.P, Campion, M.A., Dipboye, R.L., Hollenbeck, J.R., Murphy, K. & Schmitt, N. (2007b). Are we getting fooled again? Coming to terms with limitations in the use of personality tests for personnel selection. *Personnel Psychology, 60*, 1029-1049.

Moser, K. (2004). Selbstbeurteilung. In H. Schuler (Hrsg.), *Beurteilung und Förderung beruflicher Leistung*. (2. überarb. und erw. Aufl.) (S. 83-97). Göttingen: Hogrefe.

Moser, K., & Rhyssen, D. (2001). Referenzen als eignungsdiagnostische Methode. *Zeitschrift für Arbeits- und Organisationspsychologie, 45*, 40-46.

Moser, K., & Zempel, J. (2004). Personalmarketing. In H. Schuler (Hrsg.) *Organisationspsychologie – Grundlagen und Personalpsychologie. Enzyklopädie der Psychologie. D/III/3* (S. 389-438). Göttingen: Hogrefe.

Moser, K., & Zempel, J. (2006). Personalmarketing. In H. Schuler (Hrsg.), *Lehrbuch der Personalpsychologie* (2. überarb. und erw. Aufl.) (S. 69-101). Göttingen: Hogrefe.
Muck, P. M., & Schuler, H. (2004). Beurteilungsgespräch, Zielsetzung und Feedback. In H. Schuler (Hrsg.), *Beurteilung und Förderung beruflicher Leistung.* (2. überarb. und erw. Aufl.) (S. 225-286). Göttingen: Hogrefe.
Murphy, K. R., & Balzer, W, K. (1989). Rater errors and rating accuracy. *Journal of Applied Psychology, 74*, 619-624.
Murphy, K. R., & Cleveland, J. N. (1995). *Understanding performance appraisal: Social, organizational, and goal-based perspectives.* Thousand Oaks, CA: Sage.
Nerdinger, F.W. (2004). Organizational Citizenship Behavior und Extra-Rollenverhalten. In H. Schuler (Hrsg.) *Organisationspsychologie – Gruppe und Organisation. Enzyklopädie der Psychologie D/III/4* (S. 293-334). Göttingen: Hogrefe.
Nerdinger, F., Blickle, G. & Schaper, N. (2008). *Arbeits- und Organisationspsychologie.* Heidelberg: Springer.
Odiorne, G. S. (1965). *Management by objectives. A system of managerial leadership.* Belmont: Fearon Pitman.
Ones, D.S., Dilchert, S., Viswesvaran, C. & Judge, T.A. (2007). In support of personality assessment in organizational settings. *Personnel Psychology, 60*, 995-1027.
Ones, D. S., & Viswesvaran, C. (2001). Integrity tests and other criterion-focused occupational personality scales (COPS) used in personnel selection. *International Journal of Selection and Assessment, 9*, 31-39.
Ones, D. S., Viswesvaran, C., & Schmidt, F. L. (1993). Comprehensive meta-analysis of integrity test validities: Findings and implications for personnel selection and theories of job performance. *Journal of Applied Psychology, 78*, 679-703.
Organ, D. W. (1988). *Organizational citizenship behavior: The good soldier syndrome.* Lexington: Lexington Books.
Organ, D, W. (1997). Organizational citizenship behavior: It's construct clean-up time. *Human Performance, 10*, 85-97.
Ostendorf, F., & Angleitner, A. (2004). *NEO-Persönlichkeitsinventar nach Costa und McCrae, Revidierte Fassung (NEO-PI-R).* Göttingen: Hogrefe.
Peterson, N. G., Mumford, M. D., Borman, W. C., Jeanneret, P. R., Fleishman, E. A., Levin, K. Y., Campion, M. A., Mayfield, M. S., Morgeson, F. P., Pearlman, K., Gowing, M. K., Lancaster, A R., Silver, M. B., & Dye, D. M. (2001). Understanding work using the Occupational Information Network (O*NET): Implications for practice and research. *Personnel Psychology, 54*, 451-492).
Phillips, J. M. (1998). Effects of realistic job previews on multiple organizational outcomes: A meta-analysis. *Academy of Management Journal, 41*, 673-690.
Pulakos, E. D., Arad, S., Donovan, M. A., & Plamondon, K. E. (2000). Adaptability in the workplace: Development of a taxonomy of adaptive performance. *Journal of Applied Psychology, 85*, 612–624

Robinson, S. L., & Bennett, R. J. (1995). A typology of deviant workplace behaviors: A multidimensional scaling study. *Academy of Management Journal, 38,* 555-572.

Rosenstiel, L. v., & Stengel, M. (1987). *Identifikationskrise? Zum Engagement in betrieblichen Führungspositionen.* Bern: Huber.

Roth, P. L., Bobko, P., & McFarland, L. A. (2005). A meta-analysis of work sample test validity: Updating and integrating some classical literature. *Personnel Psychology, 58,* 1009-1037.

Rotundo, M. & Sackett, P. R. (2002). The relative importance of task, citizenship, and counterproductive performance to global ratings of job performance: A policy-capturing approach. *Journal of Applied Psychology, 87,* 66-80.

Sackett, P. R., & Dreher, G. F. (1982). Constructs and assessment center dimensions: Some troubeling empirical findings. *Journal of Applied Psychology, 67,* 401-410.

Sackett, P. R., Zedeck, S., & Fogli, L. (1988). Relations between measures of typical and maximum job performance. *Journal of Applied Psychology, 73,* 482-486.

Salgado, J. F. (2002). The Big Five personality dimensions and counterproductive behaviors. *International Journal of Selection and Assessment, 10,* 117-125.

Salovey, P. & Mayer, J. D. (1990). Emotional intelligence. *Imagination, Cognition and Personality, 9,* 185-211.

Sanchez, J. I., & Levine, E. L. (2009). What is (or should be) the difference between competency modeling and traditional job analysis? *Human Resource Management Review, 19,* 53-63.

Schaper, N. (2007). Lerntheorien. In H. Schuler & K. Sonntag (hrsg.), *Handbuch der Arbeits- und Organisationspsychologie.* Göttingen: Hogrefe.

Scherm, M. (2004). 360°-Beurteilung. In H. Schuler (Hrsg.), *Beurteilung und Förderung beruflicher Leistung.* (2. überarb. und erw. Aufl.) (S. 61-83). Göttingen: Hogrefe.

Schipmann, J. S., Ash, R. A., Battista, M., Carr, L., Eyde, L. D., Hesketh, B., Kehoe, J., Pearlman, K., Prien, E. P., & Sanchez, J. I. (2000). The practice of competency modeling. *Personnel Psychology, 53,* 703-740.

Schmidt, F. L. (1971). The relative efficiency of regression and simple unit predictor weights in applied differential psychology. *Educational and Psychological Measurement, 31,* 699-714.

Schmidt, F. L., & Hunter, J. E. (1998). The validity and utility of selection methods in personnel psychology: Practical and theoretical implications of 85 years of research findings. *Psychological Bulletin, 124,* 262-274

Schmidt, F. L., Hunter, J. E., & Pearlman, K. (1981). Task differences as moderators of aptitude test validity in selection: A red herring. *Journal of Applied Psychology, 66,* 166-185.

Schmidt, K.-H. (2004). Förderung von Gruppenleistungen mit dem Partizipativen Produktivitätsmanagement (PPM). In H. Schuler (Hrsg.), *Beurteilung und*

Förderung beruflicher Leistung. (2. überarb. und erw. Aufl.) (S. 239-253). Göttingen: Hogrefe.

Schmitt N., & Chan, D. (1998). *Personnel selection: A theoretical approach*. Thousand Oaks, CA: Sage.

Schneider, B. (1987). The people make the place. *Personnel Psychology, 40*, 437-453.

Schneider, B., Goldstein, H. W., & Smith, D. B. (1995). The ASA framework: An update. *Personnel Psychology, 48*, 747-773.

Schuler, H. (1992). Das Multimodale Einstellungsinterview. *Diagnostica, 38*, 281-300.

Schuler, H. (1996). *Psychologische Personalauswahl. Einführung in die berufliche Eignungsdiagnostik.* Göttingen: Hogrefe.

Schuler, H. (2006). Arbeits- und Anforderungsanalyse. In H. Schuler, (Hrsg.), *Lehrbuch der Personalpsychologie* (2. überarb. u. erw. Aufl.) (S. 45-68). Göttingen: Hogrefe.

Schuler, H., & Höft, S. (2006). Konstruktorientierte Verfahren der Personalauswahl. In H. Schuler (Hrsg.), *Lehrbuch der Personalpsychologie* (2. überarb. u. erw. Aufl.) (S. 101-145). Göttingen: Hogrefe.

Schuler, H., & Marcus, B. (2004). Leitungsbeurteilung. In H. Schuler (Hrsg.) *Organisationspsychologie – Grundlagen und Personalpsychologie. Enzyklopädie der Psychologie. D/III/3* (S. 948-1006). Göttingen: Hogrefe.

Schuler, H., & Marcus, B. (2006). Biografieorientierte Verfahren der Personalauswahl. In H. Schuler (Hrsg.), *Lehrbuch der Personalpsychologie* (2. überarb. u. erw. Aufl.) (S. 189-231). Göttingen: Hogrefe.

Smither, J. W., London, M., & Reilly, R. R. (2005). Does performance improve following multisource feedback? A theoretical model, meta-analysis, and review of empirical findings. *Personnel Psychology, 58*, 33-66.

Smither, J. W., London, M., Flautt, R., Vargas, Y., & Kucine, I. (2003). Can working with an executive coach improve multisource feedback ratings over time? A quasi-experimental field study. *Personnel Psychology, 56*, 23-44.

Society for Industrial and Organizational Psychology (SIOP) (2003). *Principles for the validation and use of personnel selection procedures* (4th ed.). Bowling Green, OH: Author.

Sodenkamp, D. (2004). Leistungsmessung und strategische Ausrichtung mithilfe der Balanced Scorecard. In H. Schuler (Hrsg.), *Beurteilung und Förderung beruflicher Leistung* (2. überarb. und erw. Aufl.) (S. 101-113). Göttingen: Hogrefe.

Sonntag, K. (2004). Personalentwicklung. In H. Schuler (Hrsg.) *Organisationspsychologie – Grundlagen und Personalpsychologie. Enzyklopädie der Psychologie. D/III/3* (S. 827-890). Göttingen: Hogrefe.

Sonntag, K. (2006). Personalentwicklung – ein Feld psychologischer Forschung und Gestaltung. In K. Sonntag (Hrsg.), *Personalentwicklung in Organisationen* (3. überarb. u. erw. Auflage) (S. 17-35). Göttingen. Hogrefe.

Sonntag, K., & Schaper, N. (2006). Wissensorientierte Verfahren der Personalentwicklung. In H. Schuler (Hrsg.), *Lehrbuch der Personalpsychologie* (2. überarb. u. erw. Aufl.) (S. 241-263). Göttingen: Hogrefe.

Sonntag, K., & Stegmaier, R. (2006). Verhaltensorientierte Verfahren der Personalentwicklung. In H. Schuler (Hrsg.), *Lehrbuch der Personalpsychologie* (2. überarb. u. erw. Aufl.) (S. 265-287). Göttingen: Hogrefe.

Staufenbiel, T. (1999). Personalentwicklung. In C. Graf Hoyos & D. Frey (Hrsg.), *Arbeits- und Organisationspsychologie* (S. 510-525). Weinheim: Beltz.

Steel, R. P. & Mento, A. J. (1986). Impact of situational constraints on subjective and objective criteria of managerial job performance. *Organizational Behavior and Human Decision Processes, 37*, 254-265.

Taylor, H. C., & Russell, J. T. (1939). The relationship of validity coefficients to the practical effectiveness of tests in selection: Discussion and tables. *Journal of Applied Psychology, 23*, 565-578.

Taylor, P. J., Russ-Eft, D. F., & Chan, D. W. L. (2005). A meta-analytic review of behavior modeling training. *Journal of Applied Psychology, 90*, 692-709.

Tett, R. P., & Christiansen, N. D. (2007). Personality tests at the crossroads: A response to Morgeson, Campion, Dipboye, Hollenbeck, Murphy, and Schmitt (2007). *Personnel Psychology, 60*, 967-993.

Thierau-Brunner, H., Wottawa, H., & Stangel-Meseke, M. (2006). Evaluation von Personalentwicklungsmaßnahmen. In K. Sonntag (Hrsg.), *Personalentwicklung in Organisationen* (3. überarb. u. erw. Auflage) (S. 329-351). Göttingen. Hogrefe.

Thorndike, R. L. (1949). *Personnel selection: Test and measurement technique.* New York, NY: Wiley.

Viswesvaran, C. & Ones, D.S. (1999). Meta-analyses of fakability estimates: Implications for personality measurement. *Educational and Psychological Measurement, 59*, 197-210.

Viswesvaran, C., Ones, D. S., & Schmidt, F. L. (1996). Comparative analysis of the reliability of job performance ratings. *Journal of Applied Psychology, 81*, 557-574.

Viswesvaran, C., Schmidt, F. L., & Ones, D. S. (2005). Is there a general factor in ratings of job performance? A meta-analytic framework for disentangling substantive and error influences. *Journal of Applied Psychology, 90*, 108-131.

Wagner, R. K., & Sternberg, R. J. (1985). Practical intelligence in real-world pursuits: The role of tacit knowledge. *Journal of Personality and Social Psychology, 48*, 436-458.

Wanous, J. P. (1980). *Organizational entry: Recruitment, selection and socialization of newcomers* (2th ed.). Reading: Addison-Wesley.

Weinert, A. B. (2004). *Organisations- und Personalpsychologie* (5. vollst. überarb. Auflage). Weinheim: Beltz.

Wernimont, P., & Campbell, J. P. (1968). Signs, samples, and criteria. *Journal of Applied Psychology, 52*, 372-376.

Woehr, D. J., & Huffcutt, A. I. (1994). Rater training for performance appraisal: A quantitative review. *Journal of Occupational and Organizational Psychology, 67*, 168-205.

Wonderlic, Inc. (1996). *Wonderlic Personnel Test (WPT)*. Libertyville, IL: Wonderlic Personnel Test, Inc.

Stichwortverzeichnis

adaptive Leistung 96
Akkuratheit 98, 101, 102
Akkuratheit – Differential accuracy 103
Akkuratheit – Differential elevation 103
Akkuratheit – Elevation 103
Akkuratheit – Stereotype accuracy 103
aktives Lernen 119
Akzeptanz 28, 31, 45, 52, 78, 79, 80, 92, 103, 136
Allgemeines Gleichbehandlungsgesetz (AGG) 79
alternierende Rangbildung 111
Anforderungsprofil 18, 19, 23, 26, 61, 72
Anforderungs-Verfahrens-Matrix 61, 62
arbeitsplatzanalytisch-empirische Anforderungsanalyse 16
Arbeitsproben 51, 58, 59, 69, 70, 80, 83
Assessment Center 58, 69
Attraktion 30, 31, 33, 41, 46, 67, 78
aufgabenbezogene Leistung 34, 89, 93
Auswahlverfahren 17, 42, 45, 47, 49, 50, 63, 64, 65, 68, 70, 73, 74, 77, 78, 79, 80, 83, 108, 110, 122, 125, 133, 136

Balanced Scorecard (BSC) 109

Bandwidth-Fidelity-Dilemma 55
Behavior Modeling Training 125, 126, 137
Beobachterkonferenz 62
Beobachtungslernen 118
betriebliche Weiterbildung 116
Betriebsverfassungsgesetz 113
Beurteilungsgespräch 66, 114, 128
Bewerberansprache, extern 29, 37, 39
Bewerberansprache, intern 37, 39
Bezugsrahmentraining 113
Biografische Fragebogen 51, 64, 69

Coaching 124, 128, 129
Cognitive Apprenticeship (Kognitive Lehre) 124
compound traits (s.a. kriterienbezogene Persönlichkeitstests) 57
Computergestützte Szenarios 51, 58
CWB-O, CWB-I (s.a. kontraproduktives Verhalten) 93

Data, People, Things 19
Day-to-Day-Feedback 97, 113
deklaratives Wissen 13, 88
Direktansprache 40
direkte Rangreihenbildung 111

Einstufungsverfahren 108, 112
Electronic Performance Monitoring (EPM) 104

emotionale Intelligenz 54
e-recruitment 40
erfahrungsgeleitet-intuitive Anforderungsanalyse 16
Erwünschtheitsskalen 83
Expertiseforschung 118
exploratorisches Lernen 118
Extrarollenverhalten 89, 91

Fachkenntnistests 51
Fairness 37, 79, 86, 97
Faking 81
Fleishman Job Analysis System (F-JAS) 21
Fragebogen 142
freie Eindrucksschilderung 108
Fünf-Faktoren-Modell der Persönlichkeit (FFM) 16
Functional Job Analysis (FJA) 18

Grafische Einstufungsskala 109
Gravitation 33
Grundquote 76
Gruppendiskussion 61, 126

Handlungskompetenz 116

indirekte Messung 34
Integrity Tests 57, 69, 81, 94, 121
Interpersonale Entscheidungen 97, 101, 103, 104, 105, 111
Intrapersonale Entscheidungen 97, 103

Kognitiv-behaviorale Ansätze (des Selbstmanagement) 130
Kognitive Fähigkeitstests 52, 81
kognitives Training 118, 123, 138
Kompensationsmodell von Motivation und Volition 130

Kompetenzmodellierung (competency modeling, CM) 24
kontraproduktives Verhalten (CWB) 55, 57, 93
Kriterienbezogene Persönlichkeitstest (COPS, compound traits) 56
Kriterienbezogene Persönlichkeitstests, COPS, compound traits) 51
Kriterienproblem 98
Kriteriumsdefizienz 87
Kriteriumskontamination 87
Kriteriumsrelevanz 87
KSAOs 16, 17, 19, 21, 25, 26, 39, 45, 47, 86, 116, 122, 128
KSAOs, andere Merkmale (other characteristics) 13
KSAOs, Fähigkeiten (abilities) 13
KSAOs, Fertigkeiten (skills) 13
KSAOs, Kenntnisse (knowledge) 13

Leistungsdimensionentraining 113

Management by Objectives (MbO) 108
maximale Leistung 70, 91, 105
Mentoring 124, 129
meritokratisches Prinzip 86
Methode der kritischen Ereignisse (Critical Incident Technique, CIT) 21
Mixed Standard Scale (MSS) 110
Multimodales Interview 66

negativer Transfer 131
Nulltransfer 131

Occupational Information Network (O*Net) 25
Online-Jobbörsen 40

Stichwortverzeichnis

operante Konditionierung 117
Organisationsanalyse (in der PE-Bedarfsanalyse) 120
Organisationsimage 42
Organizational Citizenship Behavior (OCB) 92
Outdoor-Training 127, 132, 137

Paarvergleich 111
Partizipatives Produktivitätsmanagement (PPM) 109
Patterned Behavior Description Interview (PBDI) 51, 65
Personalfragebogen 51, 64
Personanalyse 121
personenbezogen-empirische Anforderungsanalyse 17
Person-Environment Fit (P-E-Fit) – komplementärer Fit 34
Person-Environment Fit (P-E-Fit) – Person-Group-Fit (P-G-Fit) 34
Person-Environment Fit (P-E-Fit) – Person-Job-Fit (P-J-Fit) 34
Person-Environment Fit (P-E-Fit) – Person-Organization-Fit (P-O-Fit) 34
Person-Environment Fit (P-E-Fit) – Person-Vocation-Fit (P-V-Fit) 34
Person-Environment Fit (P-E-Fit) – supplementärer Fit 34
Persönlichkeitsinventare 53, 82
Platzierung 45, 71
policy capturing 43, 93
positiver Transfer 131
Potenzialanalyse 12, 86, 97, 121
Praktikabilität 23, 103
Präsentationen 60, 78
proaktive Leistung 96
Profilvergleiche 72

Programmierte Instruktion (PI) 123
prozedurale Gerechtigkeit 43, 79, 80, 103
prozedurales Wissen 13, 14, 88, 125

Qualitätsstandards für Personalentwicklung 117

Rangordnungsverfahren 108, 111
Realistic Job Preview (RJP) 40
Regelbeurteilung 97, 113
relative Eignung 72
Rollenspiele 61, 125

Screening 40, 50, 71
Selbstbeurteilung 99, 106
Selbstdarstellung 31, 40, 46, 78, 81, 83
Selbstmanagement 118, 129
Selektion 30, 32, 46, 67, 78
Selektionsquote 76, 78
Sensitivity Training 127, 138
sequenzielle Selektion 71
Situational Judgment Tests 51, 59
Situatives Interview 51, 58, 65, 66
spezifische Persönlichkeitstests 54
statistische Aggregation 60, 62
Stellenanzeige 39
subject matter experts (SEMEs) 16
Symmetriehypothese 55

tacit knowledge 14, 52
Task Statement x KSAO-Matrix 19
Tätigkeitsanalyse 17, 121
Top-Down-Selektion 73
Trainierbarkeit 121, 132
Trainierbarkeitstests 58
Trainingsmotivation 121, 132
Transfer 115, 120, 127, 130, 132, 136, 137
Transferklima 132

typische Leistung 70, 91, 105

ultimatives Kriterium 87
umfeldbezogene Leistung 34, 89, 91
Unstrukturierte Interviews 65
Urteilsfehlertraining 113
Urteilstendenzen 89, 98, 99, 101, 109, 110, 113
Urteilstendenzen – Korrelationstendenzen 100
Urteilstendenzen – Mittelwertstendenzen 99, 100
Urteilstendenzen - strategischen Urteilsverzerrungen 101
Urteilstendenzen – Streuungstendenzen 99, 100
US Army Selection and Classification Project (Project A) 88

Validität 27, 40, 45, 46, 48, 52, 54, 65, 67, 69, 74, 77, 78, 98, 101
Validität – Augenscheinvalidität 80
Validität – diskriminante 92
Validität – generalisierende 52
Validität – Inhaltsvalidität 48, 99
Validität – inkrementelle 53, 68
Validität – konkurrente 49
Validität – Konstruktvalidität 47, 56, 63, 83, 84, 89, 93, 96, 99
Validität – kriterienbezogene 48, 55, 57, 83, 98
Validität – operationale 47, 48, 49, 53, 57, 58, 59, 62, 64, 65, 67, 68, 82
Validität – soziale 79
Validitätsgeneralisierung 27, 49
Verhaltensbeobachtungsskalen (BOS) 109
Verhaltensbeobachtungstraining 113
Verhaltensrangprofil 111
Verhaltensverankerte Einstufungsskala (BARS) 109
Verteilungsgerechtigkeit 79, 80
Verteilungsmessung 110
Verwendungskriterien der Leistungsbeurteilung 98, 103, 113
Vorgesetztenbeurteilung 93, 99, 105

Wahlzwangverfahren 110, 111
Weighted Checklist 110
Wonderlic Personnel Test 52

Zeitmanagement 130

MIX
Papier aus verantwortungsvollen Quellen
Paper from responsible sources
FSC® C105338

If you have any concerns about our products,
you can contact us on
ProductSafety@springernature.com

In case Publisher is established outside the EU,
the EU authorized representative is:
**Springer Nature Customer Service Center GmbH
Europaplatz 3, 69115 Heidelberg, Germany**

Printed by Libri Plureos GmbH
in Hamburg, Germany